Study Notes of Thoth Tarot

The Mystery Within

奧祕其中

托 特 塔 羅 學 習 筆 記

玄享

（楊善淳）

U0073139

推薦序

───── ✦ ─────

讀者即將要看見的，是一本跟市面上的解牌書很不同的塔羅書籍。

托特塔羅的牌義創作者克勞利跟大家熟悉的偉特塔羅牌創作者偉特（及畫家史密斯女士）系出同門，都是黃金黎明協會的成員（後來克勞利遭到開除，自己創立了個人的神秘學組織），但這兩副塔羅牌無論在表達方式或者創作企圖上都有很大的差異。

托特塔羅有著融合東西方神秘學的野心，可以說，它希望能精神層次上成為「屬於」全世界的塔羅。這樣遠大的目的可以從克勞利與畫家荷莉絲女士頻繁地討論與更動牌面的次數看得出來，比起偉特充分將牌面設計權交由畫家史密斯女士來主導（除了幾張大牌之外），托特塔羅的創作時程反映了這副牌想要表達的深度，因此克勞利本人生前並未見到托特牌的面世。

相當程度上，我們可以把這副牌視為克勞利的遺作。但這份遺作很快就吸引了神秘學愛好者的注意。如果你對神秘學的元素感到著迷，如果你對偉特塔羅的簡便已經太過熟悉，那麼，學習托特塔羅絕對是最佳的選擇。

在過去，要在國內學習托特塔羅牌有諸多的不便。眾所周知，要理解托特塔羅牌，就得對占星學以及卡巴拉有基本的掌握才行。占星學的書籍雖然已經普及，但卡巴拉的資料卻一直難以尋覓。直到楓書坊系統性地翻譯引進卡巴拉專書，我們學習托特塔羅牌的時機終於逐漸成熟。

本書作者楊善淳老師一直熱心於托特塔羅牌的探究，能像她這樣同時掌握與醉心於學習深度心理學與卡巴拉的人實在不多，常常見到她在粉專上分享獨到的見解及對專業原文資料的介紹，一門深入，日見其功。本書的出版完全可以說是水到渠成。

托特塔羅的學習可不只有卡巴拉或占星義的熟記，克勞利本人在其著作《托特之書》（The Book of Thoth）對牌面的闡釋也相當要緊。做為一位天才型的創作者，他的博學與思想的奔放都充分展現在文句裡，這部分也由作者幫忙加以摘述和詮釋，融合進本書之中，足以幫助讀者日後直接挑戰原書的輔助。

有些讀者可能會想瞭解，托特塔羅在實占中又該如何運用？這點每個占卜師有自己的作法。對熟悉占星的朋友來說，看到牌面上的星象其實或許就已對事件的發展了然於胸。喜好冥想的朋友或許會讓自己緩一緩，留心腦海中升起的意象做出解讀。無論何種方式，托特塔羅牌基本上都是一個相對強調對靈魂做工，或者與潛意識一同工作的工具。

而這點當然也是同時兼有詩人與畫家身分的楊善淳老師的專長，所以文末的〈占卜故事分享〉特別值得一讀。這裡見不到直接迅速的指示，而是由每種徵象或象徵所做出的連結，連結什麼？主要是連結當事人的心境與解牌者的聯想。

這份能力很難說是單純的知識積累，但沒有知識的積累也是很難成事的。這樣外且內，知識與體會，意識與潛意識之間緊密交織的心理活動，相信每個喜歡塔羅牌的朋友都知之甚詳。

最後，讓我簡單談談克勞利的神秘學體系「泰勒瑪」（意為「意志」）。克勞利或許是有意用他的張狂來表現他的天才的，無論是對教義或是組織，這種對傳統宗教的不滿在西方歷史上不絕如縷。克勞利所代表的就是這種反叛精神，但他並不是傳統意義上的神秘主義者，他熟悉媒體，也利用媒體去打造這個形象。

因此他無疑屬於我們這個時代，代表著許多當代人心中都有的那種需求：我們想要與神聖取得直接的聯繫，而且是在內心找到祂，不是外界。他奮力地撐起了神秘學在這個新時代的空間，而且將它歸於我們自身，而不是外在的某種神奇。就這一點而言，他其實和偉大的心理學家榮格相當接近，只是兩人使用了不同的語言，屬於不同學科。

世界，永遠是世界。而且是由個人面對整個世界。多大的豪氣，但也多麼令人敬畏。所有藉由修習托特塔羅牌走上個體化之路的朋友，恭喜你們，有這本書做為你們的嚮導。我和你們一樣抱著謙遜，相信這條路上會發現深藏於我們生命裡的珍珠。

鐘穎（愛智者）

前言

✦

　　當人身處危機，就會渴望尋求解答。我在從事塔羅占卜工作時，有幸能陪伴許多帶著故事的人，用各自的方式向生命探問。我覺得必須在本書的開頭，向讀者說明我對自身工作的看法，因為從中形成的原則，直接影響到我學習以及應用相關知識的方式；而上述經驗構成了本書的內容。也在此坦言，本書具有個人觀點的侷限性，敬請所有對相關領域熱愛的朋友們多多包涵。

　　大眾往往認為塔羅占卜有著濃厚的宗教性，並將占卜者聯想到鐵口直斷的形象。然而，我沒有任何超自然的能力，也無法一眼看透人心。對我來說，塔羅占卜就像一場占卜者與卜問者雙方的共同創作。占卜者需要通曉塔羅的象徵內涵，並專注傾聽卜問者的分享和提問，提供討論的方向。瑞士心理學家卡爾・榮格（Carl Jung）提出的「擴大／放大法」（amplification），係指將夢境裡的元素，擴大延伸到超越個人的文化象徵，最終再聚焦回到個人生活之歷程。塔羅有如集體的夢，呈現了人類生命追尋獨立與完整的旅途；每一張圖像，都反映內心深處的一部分。如果我們願意與它們連結、藉著它們詮釋生命，便能找回個體和整個心靈宇宙固有的連結。我們都是活生生的奇蹟，棲居在不可思議的萬物之間。

　　本書名為「奧祕其中」，希望讀者與塔羅共鳴之時，尋獲內在恆存的神祕與力量。我相信，占卜的價值不在判斷好壞是非；而在於讓卜問者從一位命運的被動受害者，重新發現自己能夠賦予事件意義、做出符合心意的決定，任何人都不能

剝奪他的權力或卸除他的責任。當然，也有其他途徑能達成相近的效果，塔羅只是其中一種媒介。我使用的「托特塔羅」（Thoth Tarot）是一套重視一體兩面性的塔羅，沒有正逆位的設計，強調每個主題都有相應的可能性與風險存在。

我們正處於動盪的時代，全人類共同面臨嚴重的氣候災變，而諸多問題都不存在簡單的、非黑即白的解答。塑造敵人只會得到維持現狀的藉口，以及發洩情緒的管道，無助於緩解危機本身。我們必須用更全面的視野觀察，謹慎接受充滿矛盾的複雜現實。近年來，托特塔羅在臺灣越來越受到歡迎，也可能顯示更多占卜工作者，開始有不同於傳統論定吉凶的思維。本人資質愚鈍，僅希望將自己從前人學習的微薄成果分享給所有夥伴，也期待持續和大家一起開創、欣賞多元。

本書的主要篇幅，出自我為「榮格人文講堂：給大人的心理學」社團專欄撰寫的文章，特別感謝社團管理者鐘穎老師給予機會，耐心過目每一篇文章，而且無私地提供指教。非常感謝楓書坊的依萱編輯，主導本次出書計畫，不辭辛勞地給予許多幫助和支持。也感謝好友紀意，貢獻《易經》相關知識文稿。感謝我的客人們，因為你們願意分享生命的故事，我才看見每張牌更立體的面貌。還有每一位在整理文稿期間，付出心力的夥伴，以及分享建議的親朋好友；各位的參與都是本書不可或缺的一部分。最後，感謝現在打開本書的讀者，祝福閱讀愉快。

第 1 章

開始學習托特塔羅

1

看待托特塔羅的方式

★

　　上個世紀，阿萊斯特・克勞利與繪者芙瑞妲・哈利斯夫人一同完成了七十八張托特塔羅。「托特」（Thoth）為古埃及的智慧之神，此名顯示這套牌與埃及的聯繫。在希臘化時代，人們認為托特與希臘神赫密士擁有相似權能，後有合併崇拜的現象。托特—赫密士是西方神祕學重要的神祇，奠定了赫密士主義的傳統（Hermeticism），我們常聽到的煉金術、占星術之發展都可以追溯至此。學識廣博的克勞利，巧妙整合不同文明的宗教、哲理，自創了一個嶄新的思想體系。哈利斯夫人則付出極大的耐心，憑藉敏銳的洞察力將這些靈性象徵繪製成水彩圖畫。

　　光是欣賞這七十八張美麗的作品，就能感受到它精緻複雜的獨特魅力。那麼，對於我們初學者而言，該從何開始瞭解，進而運用它呢？克勞利撰寫的《托特之書》（*The Book of Thoth*）是伴隨著托特塔羅出版的說明書，當中飽含深刻的神祕學理論和詩意動人的幻象記述。但是對大多數的讀者而言，它十分艱澀，且尚無中文譯本。在此謹盡綿薄之力，嘗試為初學者指出一些觀看的視角。

奧秘其中：托特塔羅學習筆記

時代背景

首先，我們應從托特塔羅誕生的脈絡檢視起。作為一套頗具企圖心的作品，其蘊含了對時代的批判，以及對未來的期許。因此，熟悉當時的歷史和文化背景，將有助於我們進一步理解這些論述。兩位作者生活於19、20世紀的英國，那是一段迎接各方面轉變，開始對傳統價值觀進行反思的時期。儘管民風相對保守，且基督宗教仍然佔據重要地位，但隨著科學與工業的飛速進步、東西方的文化交流，以及世界大戰的沉痛洗禮，開始給人們既有的道德和思想注入新的刺激。

在哲學的領域，論述焦點從抽象高遠的目標回到人類自身，存在主義與現象學開始蓬勃發展；另一方面，奧地利心理學家西格蒙德・佛洛伊德（Sigmund Freud）創立的精神分析，則吸引人們探索無意識的海洋。與此同時，足以推翻學院傳統的藝術流派開始於歐洲各處萌芽，造就風格多元的現代藝術。而在神祕學領域，不僅知識迅速傳播，黃金黎明會等重要組織也相繼創立。這些事件或許並非托特塔羅誕生的主因，卻仍為我們展示環繞其間的氛圍：充滿爆發的創造力，積極向既有觀念提出質問的精神。

誠然，在那個時代背景下構建的思想，若以此時此地的眼光來看待，總有不合時宜、難以感同身受之處。加上每個人持有的觀念不同，因此比起強迫自己接受，保持獨立思考才更為重要。不過，我也相信如果能從一個宏觀的視角出發，嘗試了解作者所面對的世界；一定會看見某些至今仍極具啟發性，甚至能夠感動人心的哲理與美學。

泛靈主義（Animism）

托特塔羅的設計理念，其實根植於自然的力量和宇宙（特別是我們所居住的銀河系）的秩序。托特塔羅引人遐想的畫面，是依循著卡巴拉生命之樹的骨幹萌生的種種意象。因此，接觸卡巴拉可以說是學習塔羅的必經之路。二十二張大祕

9

儀描繪出宇宙輪迴的各個階段，亦是個體生命經歷的循環。因此，我們不應該把它當作一種占卜的「工具」，並設法利用它達到我們的目標；而是必須試著接受《托特之書》所說的事實：「塔羅是有生命的存在。」[1]

塔羅要求我們以泛靈的眼光欣賞這個世界，或許對現代人來說有點反常，但這種思想卻一直在古人心中。曾經，自然界的一草一木，對人類而言都不只是冰冷的物質；例如一片湖泊，可以連結到水澤仙女寧芙（Nymph），乃至於四元素當中的水之能量源泉。除了自然界鮮活的景物，泛靈論也存在於柏拉圖的思想觀念。比如每一個數字背後都存在著的生命力，數字之間的計算結果、組合關係，其蘊涵的靈性意義，比現代人限於理性功能的使用更加深遠。關注數字透露的訊息，可以閱讀出塔羅的隱藏指引。

同理，每張塔羅牌也有自己的特質與個性，遠超過表面的意涵。學習塔羅有如與人建立關係，是靈活多變的過程。我們不用背下每張牌的意義，卻要掌握塔羅背後的體系；識得牌面顯示的象徵語言，方能熟悉其性情。不同於其他牌種，托特塔羅有一個特殊的性質，就是沒有正逆位之分。因為每一張牌裡同時住著光明與黑暗兩種存在，其能量的善惡好壞取決於我們怎麼與之溝通。而三十六張小祕儀乘上兩種靈魂[2]，就是神的七十二個分名（Shemhamphorasch）之展現。系統性地學習後，這些線索都將變得有跡可循。

---

1 *The Book of Thoth: A Short Essay on the Tarot of the Egyptians, Being the Equinox Volume III No. V,* Aleister Crowley, 1974.

2 由於 Ace 牌是元素的根基，其存在獨立於後續 2-10 號小秘儀之上，因此不列入計算。9 張小秘儀 x4 元素 =36 張。（參見 The Book of Thoth, p.177。）

2

玫瑰十字的象徵

圖一：托特塔羅牌背

「玫瑰十字」或「薔薇十字」（Rose Cross）的概念可以追溯到傳說中的玫瑰十字會（Rosicrucianism），一個自17世紀開始被世人關注的中世紀祕密組織；其起源眾說紛紜，且與共濟會有著微妙的聯繫。而後，玫瑰十字成為了黃金黎明會的標誌，也可以在托特塔羅牌的背面以及許多張牌的設計當中發現它。（如圖一）當我們思考玫瑰十字的意義時，必須沿著卡巴拉和《聖經》故事的脈絡聯想。就像生命之樹從零——空無中的虛點迸發而出，玫瑰十字也訴說著同樣的創造過程。

中央小玫瑰十字

十字是立體的展開圖，而立方體本是一顆「活石」（Living Stone）——在此我們也能聯想到共濟會「石匠」的概念。封閉的立方體就像宇宙大爆炸的原點，

一旦啟動創造的過程，原本隱藏的諸多潛能便逐漸化為真實。《彼得前書》2:4：「主乃活石，固然是被人所遺棄的，卻是被神所揀選、所寶貴的。」基督在十字上的犧牲展現了生命的奧祕，而這個奧祕的核心就是玫瑰。

　　中心的小玫瑰有五瓣花瓣，而立方體的六個面攤開成為了十字。「五」是「小宇宙」的象徵（頭和四肢），「六」則是「大宇宙」的象徵（三維空間的展開）。玫瑰和十字的連結，說明了人和天地的緊密相依：「如在其上，如在其下。」有一項偉大的事功，它屬於我們每個人，那就是整合自己的有限與無限、人性與神性；改變非此即彼的分化觀點，認識完整的自己。（「五」加上「六」是「十一」。我們可以透過托特塔羅的第十一張大祕儀「慾」，看見這份強大的魔法力量。）

圖二：玫瑰十字

二十二瓣玫瑰

　　沿著中央小玫瑰十字，一朵二十二瓣的玫瑰在此綻放。它每一圈花瓣的數量由內而外分別是「三—七—十二」。每一瓣都可以對應到一個希伯來文字母和一種色彩。（如圖二）由內而外分別是：三個「母字母」（Mother Letters）對應三原色紅、黃、藍，七個「雙發音字母」（Doubles）包涵二次色，十二個「單發音字母」（Simples）則包涵中間色。[3] 當然，我

---

3 將三原色兩兩相互混合，會形成「二次色」（secondary colors）；再由原色與相鄰的二次色混合，則會形成「中間色」（intermediate colors）。關於希伯來字母更細緻的顏色分配法，可參見《小雞卡巴拉之子：幾乎不費力氣的實修卡巴拉課程》，隆・麥羅・杜奎特（Lon Milo DuQuette）著，邱俊銘譯，楓樹林出版，2023。

們又可以把它們對應到二十二張大牌，以及大牌的占星符號：第一圈為三種元素，第二圈是七個行星，第三圈則代表十二星座。於是諸多象徵就這樣系統性地鑲嵌在玫瑰當中。

談到這邊，我們可以稍微休息一下，往回對照這朵玫瑰和其花心當中的小玫瑰。五瓣的小玫瑰訴說的是純粹的存在本身，如同一個尚未進入世界的人。二十二瓣的大玫瑰則用豐富的色彩顯化宇宙中種種力量和法則。

大十字

十字具有四個端點，而「四」代表四種構成萬物的元素：火、水、風、土，亦是小祕儀的區分原則：權杖、聖杯、寶劍、圓盤。紅色是火，藍色是水，黃色是風，分割成四種大地色的是土。然而，還有一個沒提到的元素：靈，充斥在所有可見之物間，將元素結合或分離。五個元素組成五芒星，位於十字的四個方向、四個元素的領域。世間一切都是多種元素互動的成果，無法化約為單獨一項。

因此，火之中並非只有火，火中也有其他三種元素。一如四字神名「יהוה」（Yod Hey Vav Hey）落於四個世界：Atziluth、Briah、Yetzirah、Assiah，使得每一種小祕儀都有四個宮廷角色。而靈則對應到蘊涵可能性的「Ace」牌（詳情請見下一章〈托特塔羅與卡巴拉〉）。大十字上的五芒星還有一個有趣的地方，每個五芒星的線條和其背景色是補色的關係。例如黃色的風元素領域上，五芒星是紫色，即紅色的火與藍色的水混色之成果。五芒星的尖端分別指向四元素和靈元素[4]，元素總是互相混合、一同創造、彼此補足。但是在土元素，我們的物質世界上，五芒星竟是純白的——和其上方的領域是一樣的白。

---

4 分別為：上——靈、左上——風、右上——水、左下——土、右下——火。

當我們把目光移到這個位於土元素端之上、大玫瑰之下的區域，會發現一個六芒星。前段提到過，「六」是大宇宙的數字，相對於「五」是小宇宙的數字。六芒星的中央是太陽，被諸星所環繞。白是屬靈的顏色，它卻處於土元素最混濁的大地色。這裡的對比某種意義上由色相轉移到了明度，也顯示了土元素在宇宙中非常特殊的地位。也許它看似最低下、充滿了磨難和混沌，但偉大的事功卻也只能在此處完成。

煉金術符號

玫瑰十字的四個末端上，都畫有三個符號。它們分別是煉金術的三個基本元素：「硫」（🜍）、「汞」（☿）、「鹽」（🜔）。「硫」帶有積極、火焰般的特質，屬於陽性。「鹽」則是消極被動、陰暗的，屬於陰性。「汞」則是平衡的轉化能量。由此可見，煉金術中的元素不應以現代化學的角度理解，它們都擁有自己的特殊性格和哲理。其法則提供的是對內在素材進行淬煉、純化、整合的途徑，且往往伴隨死亡與重生般的體驗。

INRI

現在，我們來到玫瑰十字當中一個相對不起眼的地方：玫瑰外圍形似葉片的設計。每一個角落的葉片都再細分為三個區塊。其實，它們潔白的色彩象徵著由中心輻射而出的神聖光輝。閱讀中間最大的區域，會發現「INRI」。「INRI」意思是「耶穌，拿撒勒人，猶太人的君王」（IESVS NAZARENVS REX IVDAEORVM）。在金色黎明的思想中，認為「INRI」還能譯為希伯來文「י」（Yod）「נ」（Nun）「ר」（Resh）「י」（Yod），它們又能對應占星符號的「處女」、「天蠍」、「太陽」、「處女」。這也就是為什麼「INRI」字母的上方寫著這些占星符號。

上述的字母及其象徵被連結到三位埃及神：「處女」如同拯救丈夫的女神伊西斯（Isis），「天蠍」是毀滅之神阿波菲斯（Apophis），「太陽」為被殺又復活、西斜又東昇的歐西里斯（Osiris）。雖然阿波菲斯並非一般紀錄中殺害歐西里斯的神，但是他們組成的神話元素，依然頗具應用價值。我們也很容易發現，這個主題和耶穌在十字架上犧牲後又重生的故事，有著平行的關聯。但是，兩側小區域的字母又有什麼意義呢？

LVX 和 IAO

由左往右讀，我們可以發現「LVX」和「IAO」兩個字串；由於拉丁文的 V 和 U 可以相通，而「LUX」是「光」的意思，代表金色黎明會重要的魔法公式。在儀式當中，「LVX」三個字母還有搭配肢體動作：「L」是哀悼的伊西斯，「V」是強大的阿波菲斯，「X」是準備升起的歐西里斯。這些富有力量的形象，具有開啟光之門的功能。至於「IAO」更直接地翻譯了「LVX」，即上述三位神明的開頭字母。第四個區域（右下）重複了一次「LVX」的開頭與「IAO」的結尾。

於是玫瑰十字就這麼串連了不同文化的象徵，向我們呈現宇宙誕生與個體靈性發展的歷程。在細數每一個局部之後，讓我們再次遠望玫瑰十字的整體。它源於渺小的中心點，犧牲了原本安定的封閉狀態，展開化為千萬形式與色彩。玫瑰十字除了和諧之美外，有一種難以言喻的生命張力，令人不禁想起克勞利於《托特之書》寫下的強烈詞句：「混沌就是和平，宇宙就是玫瑰與十字架的戰爭。」（Chaos is Peace Cosmos is the War of the Rose and the Cross.）

3

泰勒瑪的倫理學

✦

　　在接觸托特塔羅的過程中，我曾收到很多「警告」。一位與家人熟識的通靈者，看過我的專頁後，很嚴肅地說：「是那個克勞利嗎？」並傳來了一些網路上講述克勞利有多麼邪惡的文章。帶著疑惑的心情，我在一位老師的課後向他請教。在我心目中，這位老師是思想開明、學識淵博的可敬之人，因此決定詢問他對托特塔羅的見解。沒想到老師竟告訴我：「托特牌中的圖像是人在精神異常的狀況畫出來的，可能是吸毒看見的幻象；不要使用這種牌，以免造成負面影響！」

　　這些令人震驚的資訊，讓我意識到即便托特塔羅使用者日益增加，許多人仍然對其背後的思想體系抱持著排斥與否定的心情。當然，目前中文世界已經有了一本非常好的翻譯書：杜奎特大師（Lon Milo DuQuette）的《托特塔羅解密》[5]，能幫助我們釐清種種關於克勞利與哈利斯夫人的誤會。容我再多鋪陳一些個人觀點，希望對托特塔羅產生興趣的學習者，不要因為謠言而打退堂鼓。克勞利在做人處事方面恐怕不值得誇讚，但是他的思想是否真可謂毒害世人的邪教？不如讓我們來談談「泰勒瑪」（Thelema）、「魔法」（Magick）和〈義務〉（Duty）[6]。

5《托特塔羅解密》，隆‧麥羅‧杜奎特著，孫梅君譯，商周出版。
6 Duty, Aleister Crowley, 1921.

奧秘其中：托特塔羅學習筆記

什麼是泰勒瑪？

「泰勒瑪」即古希臘文「θέλημα」的音譯，意思是「意志」（will）。泰勒瑪為克勞利創立的魔法體系，結合黃金黎明與東西方修練觀念，雖有其組織但也鼓勵個體獨立發展。讀者可能會好奇，泰勒瑪是個宗教嗎？克勞利直接回答過這個問題，他說我們得先定義清楚「宗教」是什麼意思。「宗教」本身是一套「教義

圖三：泰勒瑪的標誌：中央有五瓣花的「一筆畫六芒星」(Unicursal Hexagram)

的綜合體」（body of doctrine），但是往往藉由戒律禁止人反思這些教義。而「宗教」的相反，是「科學與魔法」。因為「宗教」傾向把現象歸因於某種更高的意志，人們只能透過犧牲奉獻來影響它。相反地，「科學與魔法」相信「自然法則」（Laws of Nature）的存在，所以發現一個現象時，會去審視有什麼因素導致了該結果，並尋找達成目標的途徑。這些方法可以隨著時代不斷演變，而沒有死守的必要。

泰勒瑪確實是「教義的綜合體」，卻重視「科學與魔法」的原則，從中獲取靈性層次的知識與力量。因此，說泰勒瑪是宗教不太適切，倒是可以用克勞利自己的話形容：「科學的方法——宗教的企圖。」（The method of science—the aim of religion.）

魔法（Magick）

相信許多開始接觸神祕學相關知識的朋友，都對魔法充滿遐想。一般聽到魔法（Magic）這個詞，可能會想到電影裡的神奇能力：那些可以互相攻擊或施展療癒奇蹟，光芒絢爛的法術。但是克勞利特意撇開這一切被大眾文化混淆的想像，自

己定義了字尾是 ck 的「魔法」（Magick），意思是「一種讓改變跟隨意志產生的科學與藝術」。以下是他在 *Magick Without Tears*[7] 一書中提出的定理：

圖四：Magick Without Tears 書封

什麼是「魔法」（Magick）？

（1）凡是有意圖／意志（intentional/willed）的行為都是魔法

（2）每一個成功的行為都代表它符合你的假設

（3）每一次失敗都證明沒有滿足假設的一個或多個要求

　　有時候，日常生活中再自然不過的事情，其實也都是一種「魔法」（Magick）的展現。克勞利曾舉例，他想要向世界分享自己的知識，這就是一股意志。他運用「筆」、「墨」這些「魔法武器」（Magical Weapons），寫出只有某些人才看得懂的「魔法語言」（Magical Language），最後又召喚了出版社、印刷廠這些「靈魂」（spirits），讓這股意志對世界產生改變。

　　由此可見，「魔法」絕對不是繞過現實問題，輕易獲致成功的法門。「魔法」的學習，很大一部分是在於釐清、穩固自己的意志，然後反覆實驗，找到方法使它成真。人的意志具有強大力量，在認識到自己的能力之後，也要學習相應的責任與義務，才不會濫用而自取滅亡。

---

7 *Magick Without Tears*, Aleister Crowley, New Falcon Pubns, 1991.

義務

至於泰勒瑪包含哪些教義，可以從〈義務〉（*Duty*）一文窺見。這是篇克勞利寫給接受泰勒瑪法則之人的小短文，清晰條列出他們應遵守的行為準則，與對待自己、他人乃至世間萬物的態度。分為四個段落：「A. 你對自己的義務」、「B. 你對其他個體男人與女人的義務」、「C. 你對人類的義務」、「D. 你對其他存有與事物的義務」。以下將透過個人理解重新整理，進行簡單介紹。

A. 你對自己的義務

「行汝意志即全法。」

你是你自己宇宙的中心，你是那在所有人內心熊熊燃燒的生命火焰，如星燦爛。你有義務發覺你的本性與力量，接受自己的一切，才能使「真我」（True Self）覺醒。「真我」的啟蒙過程是向內探索的，而且不是一個靜態的結果，是動態且不斷前進的。完整發展你的各種功能，盡可能開拓意識的範疇，理解如何控制自己的能量。

找到屬於你的「真實意志」（True Will），並用最簡單的方式表達它。時刻警惕，莫讓他人的想法與意志干涉自己，以強大的熱情對抗他們的影響。除非他們讓你的宇宙體驗到了新的事實，或在合一中幫助你對真相達到更加完整的理解。不要壓抑你的本能天性，而要引導這些能量一起投入為「真實意志」服務的事功當中。

「歡慶吧！時刻銘記，所有的存在都是純粹的喜悅。」

B. 你對其他個體男人與女人的義務

「愛是律法，意志之下的愛。」

用熱情把自己和所有形式的意識連結起來，如此便能打破你和整體（the

Whole）的分離感，創造衡量宇宙的嶄新尺度。鑑別出你的觀點和其他個體的差異，宇宙中的每個不同位置都是有用的。彼此之間的戰鬥可以激發創造力；就像愛一樣，能夠讓人超越理性的遲鈍。愛與戰鬥帶有運動家精神：一個人尊重對手並向對手學習，但從不干涉他。尋求支配或影響他人，就是想要扭曲或摧毀他。每個人都是自己的宇宙，即一個自我的必要組成。

如果一個人因未能清楚地了解自己而陷入困境時，可以提供他幫助；但是仍然要保持一種對優秀運動家的尊重，因為他的黑暗可能遮蔽了他的完美。在任何情況下，所有干涉都是危險的，需要運用極致的技巧和良好的判斷力，並具備經驗的基礎。影響他人就是讓自己的堡壘無人看管，這種嘗試通常以失去自尊而告終。

「崇敬所有人！每個男人和每個女人都是一顆星。」

C. 你對人類的義務

全人類的普遍福祉對個體來説是必要的；而這種幸福，取決於對泰勒瑪法則的明智遵循。你可以將泰勒瑪法則的建立視為「真實意志」之基本要素，因為無論該意志是什麼，將其付諸實施就會跟外界環境有關。人們應接受泰勒瑪的律法，並按照該法律進行自我督促，盡力營造每個人的意志都有機會實現的環境。由於政府機關經常做出愚蠢的行為，每個男人與女人都該從泰勒瑪的觀點對現存的一切法律進行反思與修訂。

「罪」這個字等同於限制。犯罪的本質是限制某人的自由，例如謀殺限制了人的生存權，搶劫限制了人享受勞動成果的權利。這是泰特瑪法則無法接受的，我們的責任是隔離罪犯，並且要教導罪犯，讓罪犯理解他的行為與自己的真實意志背道而馳。渴望犯罪的人應待在另一個生活空間，在那裡，他在別人身上所侵犯的權利也不保障他。於是，他將了解自己實施和維護正義的必要性。當原本的限制消失時，個人更大的自由本身會教他停止限制自然權利的行為。

D. 你對其他存有與事物的義務

把泰勒瑪的律法應用在各種事情上，並繼續發展它。濫用任何生物或非生物的自然本性，使其偏離本身從歷史脈絡或結構上可確知應有的特質與功能，是違反泰勒瑪律法的。訓練兒童進行不適任的工作、用不良建材蓋房屋、毀滅森林生態……等等，都同樣是不能被接受的行為。很顯然，利益上的衝突總是在發生：樹木固然有生存的權利，人類固然有力量砍下它、為自己增添柴火或打造居所；然而，一旦過度砍伐就會導致氣候、土壤的破壞，這些代價會回過頭來傷害我們。

又比如，農村人口大量移至都市，起初是因為他們被強加了另一種意志，說服他們放棄原本的自然想法。結果使得農村和都市兩方都產生負面影響，問題可能還會持續累積，直到幾乎無法想像補救措施，整個社會結構面臨毀滅的威脅。我們應當有意識地以泰勒瑪律法觀照日常生活，不僅需要與時俱進，並且實踐其中，務必納入現存的各類事物進行考量，與自然一起和諧地走向豐饒。

泰勒瑪的思想鼓勵人類成長，發展成更完整、自由的狀態，並呼籲每個人肩負起這一系列的嚴肅任務。當中許多部分是有待商榷的，但至少可以確定作者懷抱著對人性的積極盼望。人既是獨立的個體，也和整個宇宙互相關聯，每一個實踐意志的舉動，都能帶來改變。人的義務首先是尊重自己，再來才能夠尊重他人，乃至於尊重宇宙萬物。

4

托特塔羅裡的天使

✦

　　存在於塔羅當中的靈體，一直是一個神祕且備受討論的話題。不少塔羅工作者相信每一副牌都有獨立的性格與意識，所以發展出各種禁忌與儀式。我開始從事塔羅服務以來，遇過許多客人擔心自己並非牌的擁有者而觸摸牌，是不是對牌靈不敬。與此同時，也有客人完全把塔羅當成一般的卡牌、撲克牌，認為占卜過程的對話只不過是一些心理技巧的運用。除了這兩種極端想法，還有一些基本觀念能協助我們思考這個謎團。

托特塔羅與儀式魔法

　　塔羅與「祈禱」（Invocation）和「召喚」（Evocation）這兩種魔法技藝密切相關。[8]「祈禱」的意思是找尋內在最高、最純粹，且力求付諸實踐的願望。塔羅能夠啟發我們進行反思，幫助了解自己最深的渴望。而「召喚」則有一個外部的目標對象，企圖使它呈現在自己的感官當中。召喚那些存在於塔羅中的靈體時，人們很容易對到來的存在產生排斥。畢竟，外來者經常與我們原本的認知系統產生衝突。

---

8 *The Book of Thoth: A Short Essay on the Tarot of the Egyptians, Being the Equinox Volume III No. V*, Aleister Crowley, 1974.

克勞利用一個法文短句形容召喚者應持有的心態：「理解一切，寬容一切。」（Tout comprendre, c'est tout pardonner.）這裡說的理解與寬容應是互為因果的。若已理解，就能寬容以對；若願意先對它敞開心胸，就更可能完整理解。儘管充滿著神祕象徵的托特塔羅是很好的冥想對象，但在觀看任何一張牌時，若是帶有先入為主的批判，就會形成與牌連結的阻力。必須拋開否定與敵意，才能誘使塔羅牌訴說其核心意義。不過，我認為「召喚」有相當的風險，在充分熟悉塔羅的象徵系統之前，往往已產生了誤解或誤判。維持一定的界線，反覆確認自己建構的思路，就像在出發前先規劃好路線一樣，都是重要的準備工作。

托特塔羅的大天使

《律法之書》是克勞利與妻子蘿絲在埃及遊玩時，連續三天聽到一位名為艾華斯（Aiwass）的靈體所傳遞之訊息紀錄。內容充滿數字密碼，並挪用許多宗教典故。此書預示了人類靈性的進化，後來成為了泰勒瑪的聖經。書中有三章，分別由三位神擔任敘述者：努特（Nuit）、哈迪特（Hadit）以及荷魯斯（Ra Hoor Khut）。值得注意的是，這些角色均改編自埃及神話，特徵、職權都與原本的故事有所出入。努特女神象徵著寰宇星空和無限的可能，而陽剛的哈迪特象徵每個人心中的火焰，是個人主觀的視點。雙方結合誕下的孩子就是荷魯斯，他是一位同時具有兩種面貌的神，一種強勢有力，一種靜默深邃。

母、父、子的概念也體現於人類發展的不同階段。最早的「伊西斯紀元」是母系社會，接下來「歐西里斯紀元」則是父權社會。第三個「荷魯斯（Horus）紀元」則是兼備父母雙方特質，更加自由多元的新時代。而托特塔羅正是一套為新紀元設計的牌，在結構與理念上都對舊牌做了革新。關於這個寓意深遠的神話故事，在介紹「新紀元」和其他大祕儀的段落中有更詳盡的解說。由於托特塔羅可被視為《律法之書》的一系列插畫，因此我們在學習牌義的同時，將會越來越理解其

中的奧妙。在此只需要先明白一件事：在我們手邊的那副托特塔羅裡確實有某種靈體，那就是新紀元的荷魯斯，指派給托特塔羅的大天使。

卡巴拉觀念的守護天使

在《托特之書》中，反覆提到與神聖守護天使（Holy Guardian Angel）達成聯繫的主題。此處的「神聖守護天使」則要從卡巴拉的觀念理解。卡巴拉生命之樹對應著人的心靈結構，而位於眾輝耀中樞的第六輝耀 Tiphareth，棲居著每個人的神聖守護天使。由於其具有救世主、引導者的形象，因此傳統上也象徵聖子耶穌。

卡巴拉的修行過程，是從象徵身體、塵世的第十輝耀 Malkuth 開始，一路往上提升自己的意識。若能達到 Tiphareth，就已經具備和更高精神層次連結的能力。以心理學的角度比喻，便是能夠整合內在的對立。到這個階段，我們將不再只關注目光可及的現實世界，會發現日常生活與心靈深處的無意識力量如何緊密地交織。

達到此一境界須透過艱難的試煉，在《托特之書》亦有稍微提點其中關鍵。克勞利認為，基督宗教對物質世界乃至血肉之軀的貶抑、拒斥，造成了許多慘痛的結果，其遺毒甚至能從佛洛伊德精神分析的思想中窺見。「他（佛洛伊德）認為無意識是『魔鬼』，而實際上是本能在面紗下的表現，形成了每個人本身的觀點。正確地理解無意識乃是獲致啟蒙的關鍵，其暗示著某些種子可能開花並轉變為『與神聖守護天使的對話及知識』，因為『每個男女都是一顆星』。」[9] 與神聖守護天使相遇的前提，不是為了崇拜他而規範出種種忌諱的事項，也不需泯滅自己的本性或本能；相反地，在我們身心中看似粗糙原始的部分，隱藏著培養出神聖精神的潛能。

---

9 *An Improvement on Psychoanalysis*, Aleister Crowley, 1916.

第 2 章

托特塔羅與卡巴拉

1

以卡巴拉為根基的
托特塔羅

✦

　　卡巴拉是希伯來神祕主義（mysticism）的智慧結晶，也是西方神祕學和許多儀式的基礎。直到今日，卡巴拉被世界各地的修行者視為冥想的圖譜。它呈現的既是宇宙整體，也是每個人自身。通過它，人們從慣常的物質世界走向生命內在的奧祕。對於這樣一棵奇妙又複雜的生命之樹，我們應該如何理解呢？

　　《祕法卡巴拉》一書以「未知數」喻之，卡巴拉中複合的象徵符號，代表著對我們一般未經特殊訓練的人而言，不曾見識過的事物。雖屬未知，但卡巴拉也展示了可供推演的算式：比如生命之樹的圖像上，眾輝耀之間的相互關聯，每個象徵各有特殊的定位，以及彼此互動的方式。較佳的學習方法，不是透澈理解局部後，再進入下一個區域，而是在得證某未知數的本質之前，先從不同未知數的比例著手，摸索出它們之間的關係。慢慢感受、反覆思索，環繞著一階一階由聯想串起的螺旋階梯爬升，最終走向平衡與完整。而我認為，托特塔羅可以幫助我們在這個旅程中找到鮮活的線索。

　　不過，需要留意的是，現今流行的卡巴拉已經不是純粹的猶太系統。隨著歷史傳承以及後人的改編，卡巴拉演變出多種體系。我們使用的是融入煉金術、占星學等思想觀念的「赫密士卡巴拉」（Hermetic Qabalah），而其視覺化的成品就

是塔羅牌。托特塔羅牌相當強調與生命之樹的對應關係，每一幅精緻美麗的畫面，都企圖表達卡巴拉的部分結構：「我們必須（在理解托特塔羅前），先認識卡巴拉──這個宇宙的圖像化象徵。」[10]

托特塔羅讓全然抽象的未知數，有了具體展現。如果說卡巴拉的象徵彷彿從神的潛意識中投射而出，塔羅則使人如臨神的幻想、夢象之中。了解托特塔羅的同時，可以更容易對卡巴拉深邃的內涵有所感受，而唯有在認識卡巴拉之後，我們才真正開始進入托特塔羅的世界。

十個「輝耀」（sephiroth）造就了數字牌的特性，二十二條路徑則聯繫起大祕儀的故事脈絡。話雖如此，但祕術家其實將十個輝耀算作前十條路徑，導致路徑總共有三十二條；而第一條聯繫起兩個輝耀的「路徑」，得從編號十一開始計算。

「輝耀」的意思是「發光體」，為生命進化的階段性體現，從第一輝耀流溢（Emanate）而出的光，也在後面的輝耀中散發。十個輝耀都排列在左、右、中三條軸線上，而這三條軸線分別是「嚴柱」、「慈柱」、「中柱」。「嚴柱」是陰性的，始於母親形象的 Binah，關係到較為負向、靜態的具體特質，賦予事物「形」。「慈柱」是陽性的，始於 Chokmah，和較正向、動態的抽象特質相關，賦予事物「力」。而中柱始於 Kether，是中正、平衡的，牽繫著宇宙始末。這裡的「正／負向」其實並無好壞之意，每個輝耀都有其美好與可怖之雙重面向。「正／負向」可理解為磁鐵的兩極，或者說能量的流向。「形」容納「力」，「力」又驅動「形」；陰陽正反相互辯證、彼此輝映，方能更深入理解其個別意義，讓認知趨於完整。

在生命之樹的圖示中，通常會由上而下根據輝耀區分出四個世界（如圖五）。但要注意的是，並非一個世界裡只有這一組輝耀。如同塔羅牌分有四元素

---

10 *The Book of Thoth: A Short Essay on the Tarot of the Egyptians, Being the Equinox Volume III No. V,* Aleister Crowley, 1974.

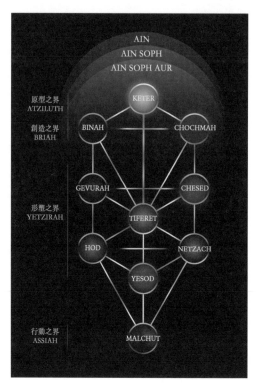

圖五：生命之樹的四個世界

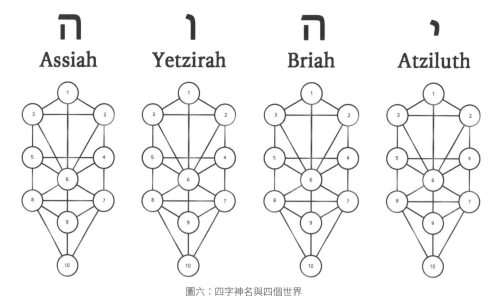

圖六：四字神名與四個世界

奧秘其中：托特塔羅學習筆記

的牌組，生命之樹其實也有四棵，由四字神名(יהוה)分別管轄（如圖六）。四個世界雖然時間上先後產生，但空間上是同時並存的，且每個輝耀都存在其中。

對此，我自己的想像是：時間前後僅是有限意識的產物，由神的眼光看來，宇宙的歷史與未來就像一連串逐格動畫。播放時產生了連續性與時間流逝的感覺，但每一格實際上都是並存的。我們也可以想像，時間的不可逆是三維世界的特性，對活在四維空間的人而言，跨越時間和在空間中移動並無二致。

以下簡單條列四個世界的資訊：

---

(1)「原型之界」(Atziluth)—「י」(Yod)

　　輝耀：第一(Kether)

　　元素：火元素

　　塔羅：權杖(wands)牌組

　　相關特質：原初動能、純粹靈性、意志、(尚未組織的)力量

---

(2)「創造之界」(Briah)—「ה」(Hey)

　　輝耀：二、三(Chokmah、Binah)

　　元素：水元素

　　塔羅：聖杯(cups)牌組

　　相關特質：涵容與孕育、轉化、滋潤、萬物的雛形

---

(3)「形成之界」(Yetzirah)—「ו」(Vav)

　　輝耀：四到九（ Chesed、Geburah、Tiphareth、Netzach、Hod、Yesod ）

　　元素：風元素

　　塔羅：寶劍（ swords ）牌組

　　相關特質：心智功能、理性意識、分析思辨、道德感

---

(4)「行動之界」(Assiah)—「ה」(Hey)

　　輝耀：第十（ Malkuth ）

　　元素：土元素

　　塔羅：圓盤（ disks ）牌組

　　相關特質：物質慾望、身體感官能力、事物的落實

2

十個輝耀與小祕儀

⭐

　　從第一輝耀到第十輝耀，是純粹精神萌生情感、智力，最後披上肉身的故事。由於卡巴拉和《聖經》共享一樣的神話背景，輝耀的層層發展或許令人聯想到基督宗教談論「墮落」的態度。然而不同的地方在於，卡巴拉並不將塵世凡俗當作一個錯誤，也不認為負面特質與神性對立甚至該被消滅。輝耀標記的每個新階段，都比上一階段擁有更多限制，卻也使它們得以明確落實。所有輝耀都是神聖的，我們在智慧與靈性的文字中看見它們的光芒，也在自然世界的豐產中被它們照亮。

　　除了元素及編號，托特塔羅的每一張小祕儀都有自己的名稱，以顯示其基本的主題。我們雖能從牌中讀出正面或負面的訊息，但若想藉占卜直接逃避災厄、否定負面特質的意義，就會忽略更深層的解讀。卡巴拉的輝耀說明，每一段過程都有其原因與意義。我想這也是為什麼，以卡巴拉為基礎的托特塔羅，會相信正位已闡明一切，而不需以逆位解讀。擁有卡巴拉的知識，也讓占卜者在抽出一個牌陣後，除了觀察四元素比例、占星配置，還可以從重複出現的數字、連續數字之間的關係等要素，發覺更多詮釋的線索。在此提供一些粗略的敘述，只願能描繪這個故事的輪廓。

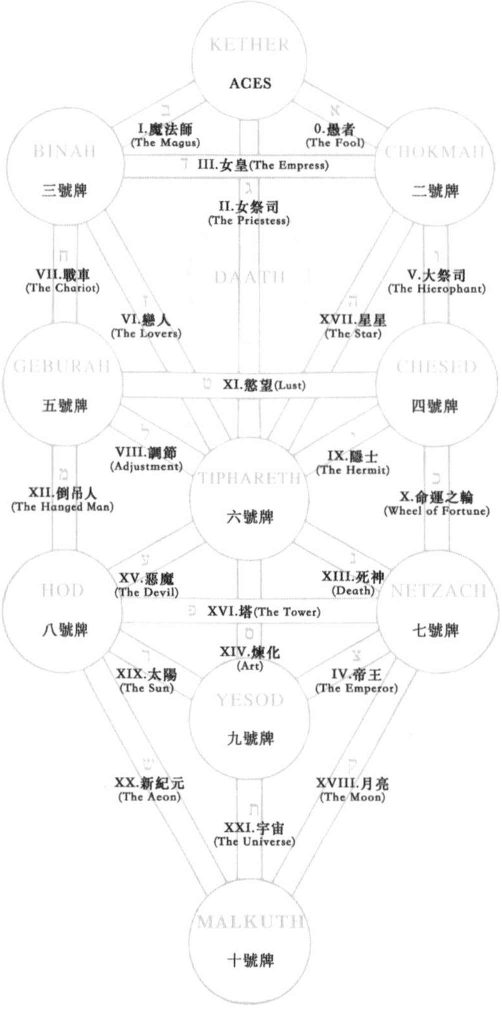

KETHER

ACES

I.魔法師
(The Magus)

0.愚者
(The Fool)

BINAH

三號牌

CHOKMAH

二號牌

III.女皇(The Empress)

II.女祭司
(The Priestess)

VII.戰車
(The Chariot)

DAATH

V.大祭司
(The Hierophant)

VI.戀人
(The Lovers)

XVII.星星
(The Star)

GEBURAH

五號牌

CHESED

四號牌

XI.慾望(Lust)

VIII.調節
(Adjustment)

IX.隱士
(The Hermit)

XII.倒吊人
(The Hanged Man)

TIPHARETH

六號牌

X.命運之輪
(Wheel of Fortune)

HOD

八號牌

XV.惡魔
(The Devil)

XIII.死神
(Death)

NETZACH

七號牌

XVI.塔(The Tower)

XIV.煉化
(Art)

XIX.太陽
(The Sun)

YESOD

九號牌

IV.帝王
(The Emperor)

XX.新紀元
(The Aeon)

XVIII.月亮
(The Moon)

XXI.宇宙
(The Universe)

MALKUTH

十號牌

圖七：托特塔羅與生命之樹對應圖

在第一輝耀 Kether 周圍有三層「場域」，這三層「場域」是遞進的關係，藉由取消上一層的內容以趨近最純粹的空無。有些書籍稱之為「負向存有」（negative existence），因為不同於生命之樹上的其他元素，它們象徵著眾輝耀成為存有前的隱藏概念，亦即產生「有」之前「無」的狀態。這三層空無同時也是三道面紗，遮蔽了人類的覺知能力，使我們難以觸及更高層次的光。[11]

0.「無」（AIN，אין）：

它是「一切事物的缺席」（absence-of-anything），有形的物體在此都被取消。「AIN」有三個字母，標註了第一道面紗的位置：前三輝耀下方。這道阻隔天界大三角的面紗，隱藏了純粹神聖力量的本質。

11 參見 *The Kabbalah Unveiled*, S.L. Macgregor Mathers, 1912.

奧秘其中：托特塔羅學習筆記

00.「無限」（AIN SVP，אין סוף）：

　　「AIN SVP」的讀音為「Ain Soph」，是「取消限制」（Without Limit）的意思。所謂的「無限」，也就是去除有限空間的概念。「AIN SVP」有六個字母，對應第六輝耀下的面紗。在此之後，人與個體心靈的中心隔絕，也不再能感受到更加浩瀚的真實。

000.「無限光」（AIN SVP AVR，אור אין סוף）：

　　「AIN SVP AVR」的讀音為「Ain Soph Aur」，指的是「無限的光」（Limitless Light）。克勞利認為這裡談的「光」就像「光乙太」（Luminiferous Ether），古人相信「光乙太」是光傳遞的媒介，它雖不可見卻維持了物質世界的秩序。沒有了具體事物、時間與空間，在此連光的載體都消除，達到最純粹的空無狀態。第九輝耀下的面紗，使我們只能看見眼前的物質世界。

| 十個輝耀 |

◆

KETHER

- **數字一**：起始點，所有能量的根源。
- **特徵**：擁有最隱密而純粹的光輝，象徵一切必朽之表象底下的永恆與完美。絕對抽象，但如種子般隱含完全體的終極樣態。
- **舉例**：權杖王牌圖像中的十朵火花，呈現了生命之樹的完整形態。
- **塔羅對應**：權杖王牌、聖杯王牌、寶劍王牌、圓盤王牌。

CHOKMAH

- **數字二：**第一個對象的產生，兩個點便可連出一條線。
- **特徵：**具有啟動、推進的力量，延續 Kether 的力量流射而出，使之由內而外順暢運轉，為事物賦予生命。
- **舉例：**聖杯二描述情感流動的發端，對關係的覺察與建立，帶有和諧溝通的意象。
- **塔羅對應：**權杖二：統御（Dominion）、聖杯二：愛（Love）、寶劍二：和平（Peace）、圓盤二：改變（Change）。

◆

BINAH

- **數字三：**為前兩者帶來平衡點，三個點即可構成面。
- **特徵：**天界大三角（Kether、Chokmah、Binah）的完成，是奠定信心與穩定性的有形基礎、生育未來的母體。
- **舉例：**寶劍三是個特殊的例子。克勞利說明，它是 Binah 的黑暗面，孕育混亂的危險大海。此牌描繪了生之悲苦，較沉重的現實的因素即將浮現。
- **塔羅對應：**權杖三：美德（Virtue）、聖杯三：豐盛（Abundance）、寶劍三：悲傷（Sorrow）、圓盤三：工作（Works）。

♦
DAATH

隱藏的輝耀，位於天界大三角下方，沒有對應的牌。

它是 Chokmah 與 Binah 的孩子，也是天界大三角的頂點，使之呈現出金字塔型。

它象徵使人離開伊甸園的「智慧」，也是人與天界之間不可測的深淵。

♦
CHESED

- **數字四**：在擁有「面」之後，新的點帶來了空間與深度。這是深淵下的第一個輝耀，把抽象概念凝聚、組織而變得具體。
- **特徵**：與 Geburah 相對，堅韌而寬宏，負責守護、保存受造物，聯繫、統整並維持世界的秩序。擁有建設性的力量，重視榮耀，可比擬為慈父、仁君。
- **舉例**：圓盤四的圖像就如同一座被穩當鞏固的城池，同時也顯示能量只能在其中運轉、無法流出。權力的誕生與人為控制密不可分。
- **塔羅對應**：權杖四：完成（Completion）、聖杯四：奢華（Luxury）、寶劍四：休戰（Truce）、圓盤四：權力（Power）。

♦
GEBURAH

- **數字五**：空間產生之後，時間與運動跟著新的點出現。
- **特徵**：與 Chesed 相對，充滿強勁的活力，帶來破壞、征戰、排他性的解構性特質，負責消滅事物、促進世界的代謝和運轉。可比擬為嚴父、暴君。

- **舉例：**權杖五是一張渴望透過力量達到自我證明的牌，權杖的交錯鮮活地表現了與他者角鬥時的攻擊慾、壓力和衝突感。
- **塔羅對應：**權杖五：競爭（Strife）、聖杯五：失望（Disappointment）、寶劍五：擊潰（Defeat）、圓盤五：憂慮（Worry）。

◆

TIPHARETH

- **數字六：**擁有時空感之後，「意識」作為一個經驗的主體終於誕生。
- **特徵：**生命之樹的中心、周圍輝耀的樞紐、大宇宙和小宇宙的轉捩點。它將 Kether 的能量投注到世界，如同神轉世為人。可比擬為聖子、高層次心靈、高我。
- **舉例：**聖杯六的享樂指的是個體身心靈的喜悅與充實感，如同陽光與水為植物帶來生機，此牌描繪愛、同理心和豐饒。
- **塔羅對應：**權杖六：勝利（Victory）、聖杯六：享樂（Pleasure）、寶劍六：科學（Science）、圓盤六：成功（Success）。

◆

NETZACH

- **數字七：**這裡開始的下四輝耀已經逼近現實，它們不再純粹、容易充滿幻象。這些輝耀代表小我的心智功能，共同組成人的性格；而數字七指向的便是自然本能。

- **特徵：**與 Hod 相對，掌管人的本能慾望、情緒，與性愛等個體之間的吸引力相關。而這種融合的驅力，也帶來美的追求、藝術的創造或綺麗的幻象。
- **舉例：**寶劍七在此屬於不平衡的狀態，因為寶劍的理性分析被 Netzach 不穩定的內心波動影響，而陷入思緒的空轉，互相牴觸而無法釐清。
- **塔羅對應：**權杖七：勇氣（Valour）、聖杯七：沉淪（Debauch）、寶劍七：徒勞（Futility）、圓盤七：失敗（Failure）。

◆

HOD

- **數字八：**心智在此從自然世界中區分出了自己，確立了獨立性，從而產生客觀思考的能力。
- **特徵：**與 Netzach 相對，掌管思想和知識。控制本能、分辨虛實，也因此能表現虛假的言行。不再沉浸於當下，可以理性檢視現況，並透過計畫趨近想要的未來。
- **舉例：**圓盤八如其名具有謹言慎行、深謀遠慮的意味。為了維持現有的資產，並讓它慢慢發芽、茁壯，需要保守操作、避免風險。
- **塔羅對應：**權杖八：迅捷（Swiftness）、聖杯八：怠惰（Indolence）、寶劍八：干涉（Interference）、圓盤八：謹慎（Prudence）。

◆

YESOD

- **數字九：**上述輝耀的能量在此集結、晶體化，準備導入最後的物質世界。
- **特徵：**作為 Malkuth 建構的基礎，此輝耀是諸光匯聚、組織之地。它同時具

有強壯與纖柔的複合特質，可理解成宇宙潛在的能量消長或潛意識流動，默默影響著現實。

- **舉例：**權杖九中的日月如同 Tiphareth 和 Yesod，兩者連結成一股堅不可摧的力量。此牌的情境充滿挑戰性，但唯有直面、提升自己的黑暗面，人才能夠強大。

- **塔羅對應：**權杖九：力量（Strength）、聖杯九：快樂（Happiness）、寶劍九：殘酷（Cruelty）、圓盤九：獲益（Gain）。

◆

MALKUTH

- **數字十：**靈性落實為真實的形體。純粹精神的領域可以無中生有，但在這裡，「行動」是創造的原則。

- **特徵：**物質世界不只有空殼，還有地球的靈魂，一體兩面。依循著 Yesod 集結眾輝耀光芒而譜寫的架構，物質在此一一安放，形成了我們、我們周圍的一切。如克勞利所述：「地球是靈魂的王座。」（Earth is the Throne of Spirit.）

- **舉例：**聖杯十是水元素發展的終點，對情感愉悅的追求已飽足，甚至過多而無處盛裝。此牌也暗示，感情需求若是藉由物質達到滿足，最終難免乏味、倦怠。

- **塔羅對應：**權杖十：壓迫（Oppression）、聖杯十：滿足（Satiety）、寶劍十：毀滅（Ruin）、圓盤十：財富（Wealth）。

3

二十二條路徑與大祕儀

✳

　　生命之樹上的路徑將輝耀互相連接，因此必須具備輝耀的相關知識後，才能開始談論路徑；並且，只有平衡兩端輝耀的能量，方可真正通達。相較於輝耀標註著世界創造與能量流淌的過程，路徑是人類意識通往不同階段的渠道。因此《祕法卡巴拉》中多次將輝耀形容為「客觀的」，路徑為「主觀的」：「眾輝耀應當用巨觀宇宙的觀點來解釋，諸路徑則是用微觀宇宙的觀點來解釋，那麼我們應能發現人與自然兩者均藏有連結生命之樹的線索。」[12] 輝耀是古老諸神棲居之處，而路徑是我們嘗試在自己之內親近各種神聖力量，緩慢改變、提升意識的關鍵。傳統上，十個輝耀因為同樣有傳遞能量的功能，也被稱為「路徑」，所以連接輝耀的路徑是從第十一條開始算起。

　　「雙環帶扭曲」是克勞利的經典理論，也是體現托特不同於其他塔羅的特色之一。這個概念包含兩個維度上的扭轉：牌的序列、希伯來字母的序列。首先，在牌序上，根據金色黎明的初始設計，「正義」（托特中的「調節」）是第八張，而「力量」（托特中的「慾」）是第十一張。但該設計有一個問題，若按此序列對

12《祕法卡巴拉：西方的身心修煉之道》，Dion Fortune 著，邱俊銘譯，楓樹林出版，2021。

應星座順序,「正義」會對應獅子,「力量」則會對應天秤,與牌本身的象徵意義不合。偉特牌直接將「正義」與「力量」牌序對調,解決了這個難題。

但是托特塔羅採取的方式不同,克勞利發現,若將星座排成一個圓,獅子與天秤可以看作扭轉了一圈,因此順序對調了。於是「調節」便可對應到天秤,符合其左右衡量、維持公正的屬性。「慾」也就順利對應上獅子,顯示它與本能相融、有熱情的力量。這就是第一個環帶扭曲的結構,可能也是金色黎明最初設計的真正意圖。

再來看到希伯來字母的部分,第四號牌「帝王」,原本按順序會對應到「ה」(Hey),第十七號牌「星星」則對應「צ」(Tsade)。克勞利為了使一邊扭轉過的環帶結構對稱,將兩者所對應的希伯來字母交換了,構成第二個環帶扭曲。個人認為此換置在象徵上也是契合的,因為「ה」(Hey)帶有預示、顯露之意,和「星星」作為新紀元預兆的角色類似;而「צ」(Tsade)有獵捕、野心之意,與「帝王」的權威地位和征服特質相應。

雙環帶扭曲理論顯示了托特塔羅的宇宙觀:克勞利認為圓形、未扭曲的環帶是伊西斯紀元,最初由女神創造的和諧完滿世界。第一個扭曲的產生,代表歐西里斯掌權的紀元。我想,「調節」與「慾」這兩張牌的張力,確實也顯示歐西里斯紀元擴張與控制的課題。至於第二個扭曲,是為了平衡前一紀元而生,即焦點落於「帝王」和「星星」的荷魯斯紀元。在此,權力與平等、個人主義和全球化,便是我們正在面臨的難題。

為了方便讀者對照托特塔羅大祕儀的牌序,下文將依循「雙環帶扭曲」的序列(而非希伯來文的序列),整理有關第11-32條路徑的簡單資訊。

路徑 11.「א」(Aleph)

連接輝耀：一（Kether）、二（Chokmah）

簡介：「א」(Aleph) 是「牛」的意思，牠充滿力量，象徵赤子般純淨而無畏的生命力。從 Kether 絕對靜止的最高存在，走向「力」的發端 Chokmah，準備迎接未知。

塔羅對應：愚者（The Fool）

解析：作為第 0 號牌，愚者是整套大祕儀的起點與終點。愚者頭上長著牛角，高舉雙臂將四肢展開；從心臟延伸出三圈透明的臍帶，也代表生命之樹的三層空無，靈魂在它們之內展開體驗。就像準備出世的新生命、一顆擁有無限可能的種子。

路徑 12.「ב」(Beth)

連接輝耀：一（Kether）、三（Binah）

簡介：「ב」(Beth) 有「房子」的意思，與有形事物的構築、容納相關，從 Kether 連結到「形」的發端 Binah，承接並具現化抽象的精神能量、無中生有。

塔羅對應：魔法師（The Magus）

解析：魔法師是所有邊界的穿梭者，擁有優異的口才和智力。不受具體障壁或無形價值觀的拘束，只是盡情表現、任意玩耍，形塑、改變他的真實。憑空支配象徵四元素的法器，透過魔法的創造過程認識自己，朦朧地產生了最初的自我意識。

路徑 13.「ג」(Gimel)

連接輝耀：一（Kether）、六（Tiphareth）

簡介：「ג」(Gimel) 是「駱駝」的意思。Kether 與 Tiphareth 之間的道路，連結大我

41

與小我。若說靈魂來自大海，也終將回歸汪洋；而深淵（Daath）就像一片沙漠，阻隔我們與自己的本源。為此有限的自我必然感到貧瘠苦痛，而無意識的力量就像支持著我們、用直覺指引方向的駱駝。

塔羅對應：女祭司（The Priestess）

解析：女祭司是神聖的處女，象徵隱藏在面紗後的真理。她的手做出天界大三角的形狀，在那之下展開的是人類與天堂的隔閡。意識雖有極限，但她的靈性直覺接通了無意識的智慧：向內探尋並超越表象、洞悉世界的本質。

路徑14.「ד」（Dalet）

連接輝耀：二（Chokmah）、三（Binah）

簡介：「ד」（Dalet）是「門」的意思，這條路徑首次連接左右側的「嚴」、「慈」二柱，藉此平衡二者。這道門的存在讓雙方既可以互通，又能彼此區隔開來。同時它也是繁衍的產道：生命由此誕下，並開始面向死亡的必然性。通過此門，合一的狀態結束，無數獨立的個體產生。

塔羅對應：女皇（The Empress）

解析：女皇是成熟的女性，每個人心中的母親形象。她的姿態模仿著煉金術中「鹽」的符號，而鹽是對立兩極（酸鹼中和）的結合產物。保持著恆定與中性的態度，仁慈又堅毅的她用愛與美孕育萬物，並甘願為子嗣獻出自己。

路徑15.「צ」（Tsade），順序與28.ה（Hey）互換

連接輝耀：七（Netzach）、九（Yesod）

簡介：「צ」（Tsade）是「魚鉤」的意思。魚鉤是狩獵的工具，它在勾動對象慾望的瞬間將其奪走。連接 Netzach 的自然本能和 Yesod 能量匯聚的功能，形成了權力的主題。

塔羅對應：皇帝（The Emperor）

解析：皇帝是成熟的男性，每個人心中的父親形象。他的姿態模仿著煉金術中「硫」的符號，而硫是陽性的積極元素，如同火焰一般帶有衝勁。他是權威力量物質化的體現：富有野心，渴望攻城掠地、創建王朝。

路徑 16.「ו」（Vav）

連接輝耀：二（Chokmah）、四（Chesed）

簡介：「ו」（Vav）是「釘子」的意思，釘子能把事物固定在一起，是組織結構的基本工具。Chokmah 的開創能量在 Chesed 得到建設，這是慈柱上的第一條路徑，是「力」的開始，有穩定拓展、啟迪心智的特質。

塔羅對應：大祭司（The Hierophant）

解析：大祭司是一個指導、引領人類精神進化的角色，他把 Chokmah 的火傳承下來，使人堅定信念、持續前進。他手杖的三個圓圈代表三個紀元，而下方持劍的女神巴巴隆（Babalon）是新紀元的象徵，她將展開新的秩序。同時，其手中的劍也導向下一張牌的主題。

路徑 17.「ז」（Zayin）

連接輝耀：三（Binah）、六（Tiphareth）

簡介：「ז」（Zayin）是「劍」的意思，劍象徵著斬斷、分離，造成非己之物的產生。聯繫著孕育事物的 Binah 與位在個體小宇宙中心的 Tiphareth，此路徑探討與對象的關係。當我們意識到自己與他人的差異，便開始了能量的投射、交流與互動。

塔羅對應：戀人（The Lovers）

解析：此牌是關於愛的牌，卻不單指戀情，而是任何一種關係。牌中充滿對立、

互補的意象，例如該隱與亞伯，或稍早提到的國王與皇后。此刻他們正在隱士的祝福下進行「煉金婚配」[13]。分化使我們能意識到他人，並透過對象照見自己內在的另一面，嘗試整合為更完整的狀態。

路徑18.「ח」(Chet)

連接輝耀：三(Binah)、五(Geburah)

簡介：「ח」(Chet)是「圍籬」的意思，圍籬的用途是區隔空間，藉由分界的劃定，達到管控資源、掩藏祕密的效果。Binah 產生形體，而 Geburah 施加壓力，這是嚴柱上的第一條路徑，闡釋了「形」的意義。

塔羅對應：戰車(The Chariot)

解析：一名戰士坐在戰車內，他的盔甲上有象徵十輝耀的十顆星，懷抱的聖杯之中是源於 Binah 母親的水，使她的血脈受到保護。車輪象徵 Geburah 的動能與時間的推進。此牌讓我們明白：形體的建構是為了製造愛的容器、靈魂的載體。

路徑19.「ל」(Lamed)，順序與22.「ט」(Tet)互換

連接輝耀：五(Geburah)、六(Tiphareth)

簡介：「ל」(Lamed)是「趕牛棒」的意思，它是驅策牛隻前進的長棍，用以維持車子運行時的平衡。當 Geburah 解析事物的特質流向整合能量與美德的 Tiphareth，對衝突的權衡、價值的判決都在此產生。

塔羅對應：調節(Adjustment)

---

13 煉金婚配(Hermetic Marriage)描述的是赫密士傳統中元素聯合之階段，陰性與陽性、肉身與靈魂等對立的兩極，能夠共同誕生新的事物；如翡翠石板所述：「太陽為父，月亮為母」。

奧秘其中：托特塔羅學習筆記

解析： 正義女神以劍支撐天秤，此處的劍象徵客觀思考的能力。天秤兩端是 alpha 和 omega，即宇宙的「始」與「終」。女神滿足的微笑表明，一切事物都是完美而真實的，因為萬物總是在達到動態平衡的過程中。她手握的工具是理性，她秉持的律法是愛。

路徑 20.「יֹ」（Yod）

連接輝耀： 四（Chesed）、六（Tiphareth）

簡介：「יֹ」（Yod）有「手」的意思，也指「闔上的手」，而這雙手中有著潛能——隱而不顯的力量。Chesed 是 Kether 陽性能量的表達，而 Tiphareth 是 Kether 在小我的再現。兩者共構了神聖力量向內深化、培養的道路。

塔羅對應： 隱士（The Hermit）

解析： 隱士手持一盞裝有太陽的提燈，背向畫面，往孤獨的修行之道走去。他擁有堅毅沉著的特質，不願聲張自己的能力，只是默默耕耘。其身後的麥浪，有如陽性之光在陰性土地上播種而豐收，意志透過實踐累積而成為深刻的智慧。

路徑 21.「כ」（Kaph）

連接輝耀： 四（Chesed）、七（Netzach）

簡介：「כ」（Kaph）也是「手」的意思，但此處強調為「張開的手」。這雙手呈現的是創造力，以及刻寫命運的掌紋。Chesed 的創造力進入了 Netzach 的本能需求，為事物帶來豐富多變的結果。這是一條讓神聖力量影響日常生活的路徑。

塔羅對應： 命運之輪（Wheel of Fortune）

解析： 命運之輪表現了生命的輪迴流轉、變化萬千。Netzach 承接了 Chesed 不可

度量的力量，使我們在物質世界的表象中，也能感受到崇高與偉大。此牌顯示了一種突如其來的遽變，提醒我們沒有永遠的好壞，只有世間的無常。

路徑22.「ט」（Tet）

連接輝耀：四（Chesed）、五（Geburah）

簡介：「ט」（Tet）是「蛇」的意思，蛇在《聖經》中誘惑了人吃下禁果，牠是智慧與禁忌的象徵。Chesed的建構和Geburah的破壞活動，皆具備王者般強烈的能量，而聯通兩方即是得到力量的關鍵。

塔羅對應：慾望（Lust）

解析：女神巴巴隆騎著野獸，端著充滿鮮血的聖杯。她是一位在《聖經》中被貶為墮落娼婦的女性，但克勞利認為性的慾望，其實是生命打破屏障、創造新事物的能力。巴巴隆與萬物融合，獻出自身、投入並同理一切，而這正是通曉奧祕的魔法。

路徑23.「מ」（Mem）

連接輝耀：五（Geburah）、八（Hod）

簡介：「מ」（Mem）是「水」的意思，水有被動容納、接受一切的特質，也關聯到自我犧牲。Geburah的力量在Hod累積為智慧的結晶，進入塵世的悲苦，在沉澱淨化後成為了深刻的覺悟。

塔羅對應：倒吊人（The Hanged Man）

解析：克勞利認為倒吊人是一座舊紀元的紀念碑——人類曾經相信自己生而有罪，需要博得神的垂憐，而倒吊人就是被群眾獻祭以換取贖罪的羔羊。然而我們將逐漸發現，每個人只有把信仰回歸於自己的內在、放棄盲目的犧牲，才能迎向自由的新紀元。

路徑24.「נ」(Nun)

連接輝耀： 六(Tiphareth)、七(Netzach)

簡介：「נ」(Nun)是「魚」的意思，魚是豐盛資源與神祕的象徵。比如耶穌就被稱為「魚」，他在犧牲後復活了。自 Tiphareth 下降的路徑都在處理較混亂的能量。

主題： 此處正是 Tiphareth 聖子的神性，進入 Netzach 自然本能之領域時，對有限生命產生的感受。

塔羅對應： 死神(Death)

解析： 死神代表煉金術中最黑暗的「腐敗」(putrefaction)階段，他揮舞著鐮刀，同時也是在攪拌煉化的鍋爐。此刻，必須靜待一切元素沉寂。這時候我們會感到缺乏動力或沒有希望，但看似潰敗的腐物卻也是孵育新生的溫床。

路徑25.「ס」(Samekh)

連接輝耀： 六(Tiphareth)、九(Yesod)

簡介：「ס」(Samekh)是「支撐物」的意思，Tiphareth 和 Yesod 在中柱上的連結，是修行時提升自我的關鍵。Tiphareth 作為心智中樞所匯聚的各種能量，正在 Yesod 上集中、對焦，並重新整合。

塔羅對應： 煉化(Art)

解析： 煉化代表煉金術中對立元素互相激盪的階段，強勁的動力促成轉化發生。戀人牌中婚配的雙方在此進一步融合；國王和皇后的特徵交錯出現，從鍋爐中迸發出新的生命樣態。

路徑26.「ע」(Ayin)

連接輝耀：六（Tiphareth）、八（Hod）

簡介：「ע」(Ayin) 是「眼睛」的意思，人們的視線將慾望投放到事物上，而若能打開靈魂之眼，便可發現表象底下的真實。Tiphareth 與 Hod 的理性思考接通，使這條路徑具有務實的特質，能夠清楚洞悉肉身與世界的限制。

塔羅對應：惡魔（The Devil）

解析：牌中的惡魔正在微笑，因為他享受著當下，對飄渺高遠的概念沒有興趣。惡魔掌握物質世界的規律，進而獲得所欲；因此也象徵獨立追求真理或不受到體制承認的魔法。而如何運用這份力量，則是另一種道德上的議題。

路徑27.「פ」(Pey)

連接輝耀：七（Netzach）、八（Hod）

簡介：「פ」(Pey) 是「嘴巴」的意思，嘴巴能用來進食、說話。嚼碎食物、破壞它們原本的結構，這是消化的開始；而話語、語言的分歧，則是人與人之間分裂的開始。Netzach 與 Hod 彼此衝突的性質，展現出了破壞與動盪的主題。

塔羅對應：塔（The Tower）

解析：這座塔乃是《聖經》中的「巴別塔」。曾經交流無礙的人類，因為意圖建立高塔、企及天堂、被神懲罰開始說不同的語言，並從此紛爭不斷。塔象徵著既有觀念的衝擊與解構，這種災變也會使根本的錯誤浮現到檯面上。

路徑28.「ה」(Hey)

連接輝耀：二（Chokmah）、六（Tiphareth）

簡介：「ה」(Hey) 是「窗戶」的意思，透過窗戶我們遙望遠方的景色，並且接收

自然界的神聖光輝。當 Chokmah 的啟發性觸及 Tiphareth 所統轄的個體心靈，便升起了對未來的期盼。

塔羅對應：星星（The Star）

解析：星星是在塔的徹底瓦解後，在廢墟上方最黑暗的天空中，重新點燃的微光。女神努特手持寶瓶，淨化傷痛的世界。星星為新紀元的到來揭開序幕，賦予希望並指引方向——我們每一個人都是信仰的中心，都是一顆燦爛的夜星。

路徑29.「ק」（Qof）

連接輝耀：七（Netzach）、十（Malkuth）

簡介：「ק」（Qof）是「後腦勺」的意思，它是唯一一個筆畫低於基線的字母。頭部後方與臉面相對，象徵底層本能的區域。Netzach 的情緒波動在 Malkuth 的土地具現，無意識的感受，也會反映在身體與感官的經驗上。

塔羅對應：月亮（The Moon）

解析：月亮除了擁有豐沛的想像力，也關係到內在的未知，帶來神祕與不安的感受。月亮讓海洋掀起波瀾，也使我們遇見內心深處的種種慾望和痛苦。牌中的埃及神祇阿努比斯與聖甲蟲，便暗示了一趟下潛後重新迎接陽光的心靈旅程。

路徑30.「ר」（Resh）

連接輝耀：八（Hod）、九（Yesod）

簡介：「ר」（Resh）是「頭」的意思，象徵著我們的意識與理智。Hod 的智慧在 Yesod 集中成明確的光束。當人發展出了獨立的自我意識，與環境產生了距離，便能客觀地覺察、探索世界。

塔羅對應：太陽（The Sun）

解析：太陽被諸星環繞，是光與熱的核心。兩個有蝴蝶翅膀的孩子手舞足蹈，他們在漫長等待後終於破蛹而出、重獲新生。此牌有著自由的意象，但遠處的牆也提醒我們，意識的能力是以分化為前提，自由和界線實為一體兩面。

路徑31.「ש」（Shin）

連接輝耀：八（Hod）、十（Malkuth）

簡介：「ש」（Shin）是「牙齒」的意思，牙齒堅硬的特性使人聯想到意志力與信心。Hod與Malkuth連結而有了智力的鍛鍊活動，透析物質世界所獲得的真知灼見，是確實且堅定的。

塔羅對應：新紀元（The Aeon）

解析：新紀元是一張鼓勵我們革新、改變，超越舊有價值的牌，但同時保有對歷史的尊重。埃及神荷魯斯象徵人類的進化，他以小孩的姿態出現，自然、開放且平等看待一切。為了創造這樣的世界，需要強大的動能與堅毅的心。

路徑32.「ת」（Tav）

連接輝耀：九（Yesod）、十（Malkuth）

簡介：「ת」（Tav）是「十字架」的意思，十字架最早是一種刑具，它的形象也象徵著在矛盾對立中拉扯、受難的主題。從Yesod到Malkuth，是物質世界的產生。世上處處存在著對立與限制，但是也只有在這裡，所有抽象的意義得以成真。

塔羅對應：宇宙（The Universe）

解析：宇宙是種子開花結果，達到成熟的狀態，偉大的創世工程已經完成，精神坐落於物質的王座。巴巴隆的女兒在牌中舞蹈著，她清楚理解生命必然的艱苦，卻也欣賞著生死興衰，跟隨命運的律動自然起舞。

4

四元素與宮廷牌

✦

四字神名「יהוה」中，每一個字母分別對應火、水、風、土，這四種元素是世界創造的起源，也是塔羅的基礎。托特塔羅的宮廷牌包含：「騎士」、「王后」、「王子」、「公主」四個階級，它們也有「國王」、「皇后」、「帝王」、「女皇」等別稱。關於這四個角色的關係，《托特之書》寫道：「騎士和皇后就像純粹的陰與陽，若他們完美融合、互相抵消，回歸初始的空無，就是『退行』（Regression）的方向。但是兩人也能往現實邁進（go forward into Matter），就是在結合之後產下王子和公主。」

「退行」是精神分析的術語，佛洛伊德用以表示人在面對困難時，可能出現的一種防衛機制。「退行」是「力比多」（libido）的逆流，心智像是回到早年較為無能的狀態。所謂的「往現實邁進」則相反，也就是直面難關，走向成熟。宮廷牌裡面這段婚姻與生產的寓言故事，可以回歸生命之樹的脈絡理解。從純粹完整的 Kether 中，分化出父親 Chokmah 以及母親 Binah，他們的聖子、Kether 的神性再現，就是 Tiphareth，而聖子的新娘、最後的物質成果是 Malkuth。形與力、精神與物質的對立面，必須結合並創新才能更進一步。

每一種宮廷位階分別有權杖、聖杯、寶劍、圓盤四張，形成各種能量組合，以下簡單條列相關資訊：

51

(1) 騎士階級——「ʾ」(Yod)

此階級擁有最純粹的精神推動力，因此用身穿鎧甲、策馬奔馳的騎士作為象徵。騎士也與自然力量相連：權杖騎士是閃電，聖杯騎士是春雨，寶劍騎士是風，圓盤騎士則是山脈。

權杖騎士：火中之火

聖杯騎士：水中之火

寶劍騎士：風中之火

圓盤騎士：土中之火

(2) 王后階級——「ה」(Hey)

王后端坐在王位上的形象，意味著她以較為穩定而明確的方式，行使自己的權能。她承接、容納並催化來自騎士的能量。兩人結合生下王子與公主後，騎士陷入沉睡，王子落在心智能力的中樞，而公主墜入了物質世界。

權杖王后：火中之水

聖杯王后：水中之水

寶劍王后：風中之水

圓盤王后：土中之水

(3) 王子階級——「ו」(Vav)

王子乘坐在戰車上，他裝載著騎士與王后結合的力量，這是二者智慧的體現，能將奧祕推展出來。王子在時空中運動，卻必定走向衰亡。他是將死的舊紀元，且他透過最後的犧牲來贖回公主，也就是他的新娘。

權杖王子：火中之風

聖杯王子：水中之風

寶劍王子：風中之風

圓盤王子：土中之風

(4) 公主階級——「ה」(Hey)

公主是原初能量最終完成的結晶，她將能量重新吸收，使其達到平衡。這份寧靜與踏實，和王子的動態互補。由於王子死去，公主既是完美的新娘，也是被遺忘的寡婦。她象徵萬物所回歸的寂靜：永恆不滅，也從未存在。

權杖公主：火中之土

聖杯公主：水中之土

寶劍公主：風中之土

圓盤公主：土中之土

但是，故事至此並沒有結束。在公主與王子結婚的那一刻，公主登上了她母親的王位，而沉睡的父親甦醒，變成了年輕的騎士。於是新的循環再次展開，對立的產生與整合的旅途永無終點，只在一次次輪迴中不斷創造。我們每一個人都是一棵生命之樹，也都時時體驗著這齣宇宙大戲的百轉千迴。

我們將在下一章進入22張大秘儀故事，每張牌都有附上我自己繪製的塔羅插畫。雖然它們無法再現哈利斯夫人華麗的藝術，這些簡單的形體應該有助於辨識象徵的位置，希望讀者們喜歡。

第 3 章

大祕儀

0

愚者
THE FOOL

迎接嶄新的冒險

★ 塔羅筆記

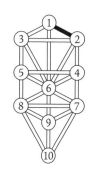

　　我們已經介紹過四字神名「יהוה」，和宮廷牌與之一脈相承的寓言故事。然而，為了呈現「愚者」的意義，需要進一步理解這個故事的社會情境。克勞利在《托特之書》中解釋，宮廷牌中與公主結合的那位王子，就是「愚者」的核心。「愚者」是王子，他促成了新一代的誕生，迎來即將展露於世的未知可能；他也是「יהוה」中，風元素的化身，而這個「風」其實就是「真空」（vacuum）。愚者作為第0號牌，是卡巴拉生命之樹上負向的存在——「三層空無」（Ain 0、Ain Soph 00、Ain Soph Aur 000）。三層空無底下，生命之樹開始抽枝。

　　另外，中世紀時，塔羅中的愚者名叫「Le Mat」，一般認為此名是由義大利文的「Matto」（即「瘋人」、「愚人」之意）延伸而來。然而克勞利有另一個新穎的

想法：如果塔羅的真實起源是埃及，也是他本人靈啟經驗的重地，那「Mat」自然可以連結到有著禿鷹翅膀的女神姆特（Maut）。據說她是埃及最古老的母神之一，她的翅膀拍擊著風，就這樣與風誕下後代。因此，「愚者」這張牌一方面是王子、父親、風元素，另一方面也是母親。看似矛盾，但若回歸0號牌的特質便會發現，0是正負、陰陽相抵銷的純粹狀態，就像一個蘊藏潛力的胚胎。

◆ **畫面分析**

此牌運用了紅、黃、藍等各式鮮亮的色彩，但大致以清爽的冷色與中性色調為主。並在許多色塊裡佈置了細膩的裝飾，例如顆粒分明的葡萄、猛獸的皮膚肌理、錢幣的紋飾等，都刻畫得相當精密。主角身體後方則保留了大面積的亮黃色，襯托出他深綠色的服裝；雖然沒有刻意描繪邊線，明度的對比仍使物件層次清晰。

愚者飽滿的四肢向四個角落伸展，支撐起整個畫面。三圈形狀類似數字「0」的透明臍帶，從他的胸前繞到頭部後方，最後又回到心臟。同時，這些圓弧形的線條也巧妙勾勒出鱷魚的姿態、白鴿飛行的軌跡，具有穩定、統整各個元素的功能。

◆ **象徵聯想**

「愚者」對應希伯來字母「א」（Aleph），作為希伯來文第一個字母，「א」是「牛」的意思。牛擁有原初的動力，如赤子般純潔而無畏，因此愚者頭上長有一雙牛角；它們也象徵古希臘宗教中，奧菲斯教（Orphism）所崇拜的古老神祇戴奧尼修斯—扎格留斯（Dionysus Zagreus，即最初的酒神）。愚者的兩角之間有一道光輝，那是卡巴拉生命之樹上的第一輝耀──Kether的澄淨白光。其雙手分別持著白色的金字塔和燃燒的松果，兩者都顯示了諸神之父（All-Father）的生命能量；左臂後方的葡萄，則有食物豐收、美酒帶來狂喜等歡樂寓意。而充滿此牌背景的黃

色是風元素的代表色，愚者懸浮在虛空當中，這因緣匯聚成的意識，驟然降生。他作為身著綠衣的角色（Green Man），呼喚著春天到來、萬象更新。跨越整張牌的透明螺旋，也可以理解成蘊育宇宙的奧菲克秘卵；細看則會發現在透明中有著彩色的細線，因為這三層圓圈就是生命之樹上負向的三層空無，所有輝耀的色彩都凝縮其中，即將萌發自己的力量。

　　軌跡上方有幾隻飛翔的生物：姆特女神的禿鷹、同時是愛神維納斯也是聖靈象徵的白鴿，以及在許多文化中象徵靈魂的蝴蝶。下方由鮮花構成的陽具，展現自然的生命力。愚者的腳邊有老虎和鱷魚兩隻猛獸。就像無意識中的慾望與危機，潛伏在天真的自我外圍。儘管有這麼多鮮活的動物，此牌仍然透露安靜的氛圍，那是因為愚者還有一個身分：「Hoor-Pa-Kraat」，或稱為哈爾波克拉特斯（Harpocrates，詳見「太陽」牌）。他是荷魯斯寧靜且稚嫩的面向、早晨清澈的陽光，常以食指放在唇前的小孩形象出現。他尚不言語，只是存在（Eheieh）。「愚者」在生命之樹上連結 Kether 與 Chokmah，也就是由「一」到「二」的路徑。「一」無法單獨存在，必然會被吸收回空無之中，除非分裂為「二」，牌中第二層空無上纏繞的雙子就暗示了這點。但是尚未觸及 Binah 母親，沒有具體形構，因此愚者的表現必然是沉默、曖昧的。他充滿好奇，卻沒有分別心。如果我們要區辨事物，就得透過言語或「道」（logos），這個主題將出現在下一張牌：「魔法師」。

　　此牌作為整個塔羅大祕儀的始與末，有太多說不完細節。旋繞於繁複的元素之間，克勞利不僅透過「愚者」開啟塔羅的旅程，也意圖開啟讀者對神祕學的學習之旅。他說：「研究塔羅這件事，最重要的目的就是訓練我們的心智能清晰並和諧地（clearly and coherently）思考。」[14] 許多象徵表面上矛盾混亂，內部卻隱含著真理。我們必須容許自己在多重意義之間逡巡，而不至於迷失；用概覽的眼光欣賞其美麗，而不被繁縟細節綑縛。或許這就是「愚者」的美德，儘管宇宙如此難解，我們依然能夠敞開心胸，迎向接下來的冒險。

---

14 *The Book of Thoth: A Short Essay on the Tarot of the Egyptians, Being the Equinox Volume III No. V*, Aleister Crowley, 1974.

1

魔法師
THE MAGUS

跨越邊際的創造力

★ 塔羅筆記

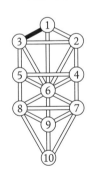

「赫密士，是邊界之神、是邊界間穿梭之神，是遊蕩在陸地與海洋間的路徑之神，也是進行曖昧交易的市場和小店等文化空間之神。他代表著某種形式的意識，本質上是存在於過渡的時間與空間之中。赫密士是過渡之神，且過渡總是來自跨越門檻。當凱倫依（Karl Kerenyi）談及『赫密士的世界』（world of Hermes）這個原型，稱之為『潮汐中的存在』（existence in flux 1976, p.12），這可做為過渡經驗的另一個定義。」

——《中年之旅：自性的轉機》
莫瑞‧史丹（Murray Stein）著，魏宏晉譯，心靈工坊出版，2013

「魔法師」的主角是希臘神話中的信使赫密士〔Hermes，同羅馬神話中的信使墨丘利（Mercury）〕。希臘化時期，埃及人認識了赫密士，發現他與埃及智慧之神托特（Thoth）相似，故合稱為「偉大無比的赫密士」（Hermes Trismegistus）。後來，西方的祕術家以此為基礎，產生了一套赫密士主義（Hermeticism）思想，其中包含許多煉金術、占星術與魔法的知識。另外，赫密士為靈魂引路的能力，也被埃及人與阿努比斯連結，合稱「赫密阿努比斯」（Hermanubis）；這個名字作為一個象徵，也出現在「命運之輪」。至於為什麼「命運之輪」的「赫密阿努比斯」是以猴子的形象出現呢？克勞利在《托特之書》中談到，猴神哈奴曼（Hanuman）就是墨丘利的印度化身。

赫密士的神話概念在不同文化四處漂流、轉化，就像他穿梭自如的魔法。赫密士是「潮汐中的存在」，而「魔法師」的路徑在卡巴拉生命樹上聯繫著 Kether 與 Binah。Kether 的聖光照亮了 Binah 無意識的偉大海洋，生命從中孕育而出。如《創世記》1:2所述：「靈運行在水上。」這種神聖的創造力，是我們在物質與精神之間過渡的能力。一個世界的誕生有多麼奧妙，一個孩子從混沌中逐漸區分出自我意識的過程，就經歷了同樣神奇又複雜的過渡。

★ **畫面分析**

「魔法師」這張牌有著精采的層次處理，高飽和度的藍色漸層塊面上，金黃的線條互相交織，效果清晰、別緻而華麗。接續在「愚者」之後，「魔法師」已經不那麼平面化，反而帶有超現實的空間感。幾何的分割也讓人想到寶劍牌組的慣用藝術手法，彷彿將心智思考的過程具象化。

雖然有著近乎對稱的構圖，但透過物件漂浮的律動感、由左上角高光造成的鮮明對比，以及主角靈活的身姿，使圖像整體變化多端、絲毫不會嚴肅生硬。而背景的線條也引導著我們的視線，在物體間穿梭，並匯集於金黃色的魔法師身上，他立於牌面中央，迸發出瑰麗的光彩。

　　把視線拉遠觀察，會發現魔法師和身後的圖騰合在一起，形似煉金術中水銀（Mercury）的符號「☿」。而局部細看此牌，可以找到大量的象徵。牌面頂端有翼的太陽（Winged sun），是古埃及代表尊貴、神力的圖騰；延伸而出的雙蛇，連結到赫密士的手杖。許多法器漂浮在半空中，被魔法師所支配：最高處是紙莎草紙和筆，具備記載知識的功能，說明了赫密士的能力；火炬、金幣、聖杯、短劍，對應塔羅中四元素的象徵；奧菲克秘卵是孕育宇宙的起始點，鳳凰權杖代表自然界死而復生的力量。右下角有一隻猴子，是印度猴神哈奴曼，克勞利認為哈奴曼是赫密士較為低等的顯現，因為他在神話中更加世俗且狡獪。當我們談及魔法師的口才、智力，也要記得這位猴神的存在。他提醒我們文字、言語的產生同時也是一切欺瞞、虛偽的開端。

　　「魔法師」對應希伯來字母「ﬞﬞ」（Beth），是房子的意思。空間領域的劃分，是人類意識活動的展現，一旦具備「內─外」的概念，便不再與環境融合一體。界線的存在，當然也是魔法師傳遞與穿越的前提。此外，「房子」的意象也讓我聯想到《約翰福音》1:14提到的：「道成了肉身，住在我們中間，充充滿滿的有恩典有真理。」神用言語創造世界，抽象的「道」進入肉體，在人類之中打下聖所的地基。聖子實踐聖父的意志，並散播聖父的理念。克勞利多次將赫密士與耶穌類比，因為他是太陽的信使、神聖力量體現與發揮之處。但是，魔法師的這股力量並不受道德管束，就像一個剛開始學習的孩子：沒有特定的目標，也沒有固定的規律，只是享受自己的成長與改變。非善非惡、亦正亦邪，在對立概念中穿越之際，他只是不斷進行創造。當已經成年的我們，準備走向生命的新階段時，也能在習以為常的現實生活中，重新體驗到這種過渡經驗。屆時，心靈深處浩瀚的未知力量升起，我們莫名被某些東西吸引；虛實變得模糊，並將我們重新建構。內心也許充滿好奇，或多少帶有不安，卻始終感受到命運的指引。於是，每一場改變自己的遊戲中，都可以發現魔法師輕巧的足跡。

2

女祭司
The Priestess

面紗底下的真理

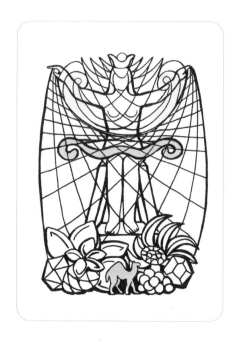

★ 塔羅筆記

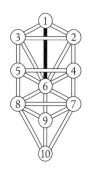

In the Wind of the mind arises the turbulence called "I".

在心智的風中，升起了名為「我」的亂流。

It breaks; down shower the barren thoughts.

它瓦解、驟降在貧瘠的思想上。

All life is choked.

眾生無不窒息。

This desert is the Abyss wherein is the Universe.

這片沙漠是「深淵」，在其中是「宇宙」。

The Stars are but thistles in that waste.

在此，諸星僅止於廢墟中萌生的薊草。

Yet this desert is but one spot accursed in a world of bliss.

然而，這沙漠不過是極樂世界的一個小點。

Now and again Travellers cross the desert;

旅者們時時在穿越沙漠；

they come from the Great Sea, and to the Great Sea they go.

他們來自偉大的海洋，也向它前行。

As they go they spill water; one day they will irrigate the desert, till it flower.

步伐間濺起水花，終將滋養沙漠，直到繁花盛放。

See! five footprints of a Camel! V' V' V' V' V'

看啊！駱駝的五個足跡！V' V' V' V' V'

——Book of Lies

DUST-DEVILS, Aleister Crowley, Weiser Books, 1986

V' V' V' V' V' 是拉丁文「Vi veri universum vivus vici」的簡寫，意為「藉由真理的力量，我在有生之年征服了宇宙。」因為拉丁文的書寫上 U 與 V 不分，所以「universum」也能寫作「vniversum」。該句子因為被馬婁的《浮士德》引用而廣為人知。克勞利在這首詩中巧妙地將 V 和「駱駝腳印」的形象連結，藉此可以更加清楚地解釋「女祭司」中駱駝的象徵意義。

詩中，塵世的宇宙是更大世界中的一個小點，眾生只同過客般來去。沙漠總是乾枯且貧瘠，意味著成為「個體」的過程必然伴隨痛苦。然而，海洋才是我們的起始和終結。「女祭司」的駱駝運載著純粹精神的陰性能量，持續不懈地在這片燥熱的黃沙上，留下豐饒的記號。生命之樹中，「女祭司」跨越深淵——也就是虛點 Daath——連接起 Kether 和 Tiphareth。Daath 雖然不可見，卻是天界大三角的金字塔頂點、容納整棵生命之樹的智慧。從女祭司飄渺面紗底下流露出的，正是生命本源汪洋無垠的神聖光芒。

「女祭司」中使用了藍、綠、紫等高頻率的冷色系，讓人感受到精神與智慧的力量；而大量的白色則呈現乾淨、聖潔的效果。這張牌有著對稱的結構：女祭司手中張開的網佔據大部分的空間，不僅鋪陳出一股寧靜的秩序感，也拉開了畫面的深度。同時，弓的曲線和網線重合，引導觀者的視線往透視點移動。光源打在她的頭部，並且每一道月牙間有著深藍的陰影，讓視覺焦點更加明顯。

牌頂部最深的藍色，往下一路平順地漸層，最後是清澈的水藍色，彷彿夜晚到白日的天空變化。女祭司頭上流動的能量和光芒，也在腳邊化為具體的收穫。因此，牌面底部的物件是最立體、造型變化多端的元素。儘管如此，晶體的立面、水果的顆粒、花葉的層層堆疊都重複呼應了其上方網格線、月牙等規律出現的形狀，使一切都維持和諧。

◆ 象徵聯想

「女祭司」牌中對稱的特性，符合她坐落於生命之樹中軸的位置，具有內斂且平衡的智慧。女祭司和月亮的關係密切，月牽引著水，帶起內在世界的萬千漣漪。她在平靜的表情下，感受著這些細微的擾動，以端正莊嚴的身姿，撒開一面大網。這紗幔象徵著埃及的紡織與智慧女神奈特（Neith）──她的名字有「水」的意思，是眾生之根源。面紗也讓人聯想到印度哲學中「摩耶」（Maya）的概念──我們無明地活在幻象之中，無法看破摩耶女神的面紗，因而產生種種苦難；摩耶也被認為與富庶相關，用神祕的力量守護著隱藏的財寶。至於女祭司腿上的弓箭，既是希臘月亮女神阿提米斯（Artemis）的武器，也是埃及女神伊西斯的樂器。月相三面，她能夠威嚴地追獵、戰鬥，也能仁慈地撫慰、陶冶人心。

「女祭司」作為伊西斯女神最精神性的顯化，可與較為物質的「女皇」作為對比：前者是聖處女，後者是母親；前者滋潤靈魂，後者哺育身體。「女祭司」對應希伯來字母「ג」（Gimel），也就是駱駝的意思。在沙漠中，駱駝就是生命與財產的依憑。藉著「女祭司」足下的路徑，我們準備通過深淵，覺察潛意識海洋底下的寶藏，並踏向物質世界的旅途。因此，抽象的思維、靈感，具現化成豐美飽滿的晶體、果實、花卉。「女祭司」指引人們去感受潛意識的直覺，而心靈將會報以內在世界豐富的收穫。當我們觸及隱藏在面紗底下的奧祕，看見旱地的渺小與海洋的廣大、自我意識的狹隘與集體潛意識的深不可測，我們便會發現表象底下充滿值得探尋的意義。每一次冒險，都能激起一點水花。也許某天，就如同克勞利所盼望的，沙漠裡會有一片繁花盛放。

3

女皇
The Empress

孕育萬物的容器

★ 塔羅筆記

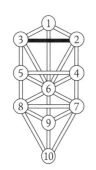

　　「女皇」是我們內心的母親形象。德國心理學家埃利希・諾伊曼（Erich Neumann）曾在其分析大母神原型的著作中，以「大圓」（the Great Round）、「大容器」（the Great Container）描述母性的基本特徵[15]。大母神本身是中性、不帶有絕對立場的。她是孕育萬物的起始，從圓的中心發展出形態各異的變形，但也始終超越兩極，包覆、支持著矛盾雙方，並與這一切共存。而容器的概念也連結到子宮、血肉之軀、無意識的本能，乃至宇宙時空、身體或物質世界的原則。當大母神以血液和乳汁賦予了她的子嗣形體，生命便從混沌中破殼而出。而生命最終又將被命運碾碎，回歸自然塵土。如同不生不滅的銜尾蛇，大母神象徵著輪迴本身。

「女皇」這張牌的圖像乃至人物姿態間無處不是圓形，有許多細節都重複強調了母性的包容。但是正如月亮有其暗面，大母神也兼具其負向的特質，她可以滋養眾生，也能輕易地扼殺他們。女皇一方面是扶持子女成長的母親，同時也是一個握有權力的政治人物；她能無條件地付出母愛，也能操縱後代作為自己的傀儡。在個體化的過程中，儘管我們需要母親的哺育，卻也必須斬斷臍帶才能長大成人。「女皇」讓我們與內在的母親相遇，並反思關於依賴性的問題：必須從母體中發展出獨立的自我，也看見自己從母親身上複製來的滋養與毀滅這雙重能力，並有意識地運用它們。

✦ 畫面分析

「女皇」的背景充滿了舒適的淺藍色，並過渡到中性的湖綠色，最後以粉紅色凸顯主體。整張牌都維持在明亮清新的基調中，色相上豐富的變化，讓整體自然和諧而不失焦。女皇的下身側坐而胸朝前，姿態端莊，溫柔有力。周圍的物件透過曲線的色塊分割，加上細膩婉轉的輪廓，呈現浪漫、有機的視覺效果。構圖雖不對稱，但有左右相應的物件安排，例如面朝左側的鵜鶘對應向右傾斜的盾牌，使虛實錯落而不至於紊亂。

「女皇」的構圖與色彩表現應與下一張牌——「帝王」並列觀看、彼此對照。女皇面朝右方、順光，帝王的臉部則朝左側、逆向光源，且兩人始終保持對視。右與左的位置，也常常暗示著意識與無意識兩方。女皇的色彩以清淡的冷色系為主，帝王則是濃重的暖色系。女皇的畫面佈局帶有流動感、疏密有致，帝王明顯較為對稱、均衡、穩定。帝王的線條方正、有稜有角，姿態威武，雙手直挺有力；女皇的線條柔軟，以有機曲線勾勒，彷彿懷抱整個空間。

15《大母神：原型分析》，埃利希・諾伊曼（Erich Neumann）著，李以洪譯，東方出版社，1998。

　　煉金術中的「鹽」是硫與汞結合後的中性元素，有著平衡、穩定的特質。女皇的姿勢也呼應著「鹽」的符號「⊖」。這種設計強調她在陰性之中融合了陽性，達成調和。女皇手持蓮花，綻放伊西斯女神的莊嚴光采。她粉色的上衣飾有蜜蜂圖案，透露著母系的意涵。牌的左右上角停著麻雀與白鴿，牠們都是維納斯的聖物，帶來金星的美麗與富庶。麻雀與白鴿的對比，也讓人聯想到凡俗與神聖、靈性與本能。當然，女皇並沒有拒絕任何一端，而是讓牠們都立足於寶座之上。牌面兩側的月相、鑲在潮汐湧動的水藍色背景，寧靜地表現生命消長的時序、陰性和自然世界的聯繫。左下方的鵜鶘，被認為會以血餵養牠的孩子，如同女皇的慈愛與無私奉獻；右邊的白鷹盾牌，是煉金術士的紋章，與帝王的紅鷹相對應。寶座底下，襯著一面繡有百合花和魚的地毯，同時彰顯了女性的純潔與情感慾望。

　　「女皇」對應希伯來字母「ㄱ」（Dalet），是門的意思。門作為入口和子宮，或者洞穴、隧道，是母親的原始象徵。我們都是通過自己母親的身體誕生於這個世界，也將在死去時回到大地之母的懷抱。女皇的確就像是一扇門，眾生藉著她在世上來去，汲取其豐饒並最終歸還生命。老子說：「谷神不死，是謂玄牝。」看似柔弱卻無限綿延、自成完滿的陰性力量乃是天地的根源；它消極無為、無所追求，然而也不曾死亡。這樣的能量，其實存在於每個人的心靈。抽到「女皇」，就像是收到了自然的饋贈，得以享受愛的滋養，也鼓勵我們發覺自己寬容、大方、樂於給予的面向。同時，我們也應當意識到這底下可能潛藏的控制慾或交易的渴望。不妨拋棄防衛與攻擊，嘗試涵容周圍的人事物，用更完整的視角靜靜接納、滲透環境。分享的同時，也會帶來更多體驗，相信自己的創造力，能夠孕育無窮的可能性。

3 ｜女皇｜

4

帝王
THE EMPEROR

成為自己的領袖

★ 塔羅筆記

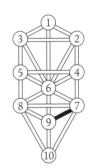

　　「帝王」是內心的父親形象，他督促我們並維持秩序，近似於精神分析概念中的「超我」（super-ego）。超我是伊底帕斯情結的後繼者。伊底帕斯情結描述的乃是一種在個體發展之初，對照顧者既恐懼又依賴、愛恨交織的矛盾情緒。當一個小孩發現父親養育自己的同時，又規範自己的行為，便會萌生強烈衝突感。這份衝突感，一般是由內化的權威結構——即超我——予以解決。當小孩將父親批判的言詞化作自己心中的聲音，便不再單純受制於父親的規範，而是被心中那個權威的力量管束，進而可以自發地守著戒律，並保持對父親的敬愛。也就是說，發展出超我後，我們開始置入一套道德判斷系統，而非僅是依照慾望行動。

我在實際占卜的經驗中，發現「帝王」容易出現在當事人經歷自我價值感低落，或懷疑自己能力的時刻。抽到「帝王」，可以視為對超我的反思。超我的壓力過強時，會讓自我失去客觀的判斷力，變得抑鬱、痛苦、欲振乏力。若是把超我投射於外部，自我貶抑、過度服從、被虐的行為便會浮現。「帝王」呼喚我們重新組織對自己的期許，如同王者應具備的剛毅與恢宏。我們能以建設性的方式分析、規劃眼前的課題，邁向成長，並且體認到只有自己擁有改變自己的能力，肩負起生命之重責，絕不輕易廢棄內在世界的王座。

★ 畫面分析

「帝王」的構圖需與其伴侶互相參照，其對應關係請見前一篇「女皇」。「帝王」整張牌面通紅，翻開的瞬間就令人感受到氣勢。牌中運用了階調豐富的暖色：從米白、金黃、橙到紅的漸變，使形體飽滿富有立體感。帝王的身體頂天立地，端正地置於畫面中央，彷彿由他支撐起整張牌。周圍的物件透過幾何塊面的分割，加上清晰的稜線，使彼此之間保持著明確、井然有序的前後關係；因此儘管牌中的一切都屬相同色系、佈局密集且裝飾性強烈，但也不至於顯得混沌或雜亂無章。

★ 象徵聯想

煉金術中的「硫」象徵男性的開創特質，此牌鮮明的色彩就源於硫的陽剛能量。帝王腿部交錯的姿勢，也呼應著「硫」的符號「♁」。牌面兩側的圓形內畫有十六芒星，符合硫元素的原子序。帝王那宛如陽光的冠冕，和腳邊的紅鷹盾牌，都表現了他的威儀與尊貴。手中的權杖飾有羊頭，意味統御的能力，以及對疆界的意識。背景中的塔爾羊，一隻處於光中，一隻處於暗中，是創造與破壞、進步與貪婪的一體兩面；而腳邊的羔羊，暗示權力結構中底下的犧牲。這些羊的

形象，再再顯示出「帝王」的牡羊座特質。牡羊是春分點的星座，燃燒著生命力初始的烈焰，充滿野心和冒險的膽量。在這張牌諸多與女皇對比的設計中，有一處值得留意的細節：帝王身上的服裝縫有蜜蜂花紋，此乃母系的元素，他攜帶著源於母性的力量，如太極般陽中有陰。其實托特塔羅的大祕儀中包含三組陰與陽的結構，三種陰性能量體現於「女祭司」、「女皇」、「星星」三張女神牌；而三種與之對應的陽性能量則體現於「大祭司」、「帝王」、「隱士」。除此之外，「愚者」和「魔法師」是雙性的。至於剩下的十四張牌，負責表現上述八張牌的本質結合運作之成果，或其他樣貌的化身。[16]

「帝王」對應希伯來字母「צ」（Tsade），有魚鉤、狩獵的意思，是對權力與資源的渴求。作為一個父親的角色，帝王的目光銳利，有著明確的方向性，如羊角的尖端指向牠奔跑的路徑，準備突破前方所有的阻礙。懷抱著雄心，他的王座建立在結晶上，隱含了結構化秩序在現實世界成形的過程。然而，陽性的「帝王」若沒有陰性的「女皇」補足，他將會流於片面、膚淺及專橫，缺乏一個靜態的容器去平衡他的動力。狩獵最初是為了滿足生理需求，但卻隨著文明的發展，形成某種無度濫取的活動。當今父權社會所面臨的議題，從政治、經濟、環境等領域蔓延的衝突，到個體對物質過剩的攝取，都反映出心靈的空洞與不安。縱使收穫了外界的財富、征服了廣袤的疆土、擁有了先進的知識與強大的火力；然而，只有統領自己心智的人，才能成為真正的領袖。

---

16 *The Book of Thoth: A Short Essay on the Tarot of the Egyptians, Being the Equinox Volume III No. V,* Aleister Crowley, 1974.

5

大祭司
THE HIEROPHANT

實踐信念的道路

★ 塔羅筆記

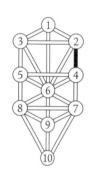

　　曾經，有一位客人前來占卜，想透過塔羅了解自身與權威之間的問題。他對於在上位者的命令總是嚴格地執行，直到超過頂標的程度。甚至，上位者的一言一行，他都會在內心猜測，其中是否包含對他的評價或期待，並希望自己達到最好。這種自我要求，已讓他感到壓力超載。儘管他心中明白，就算不做也不會怎麼樣，卻無法克制自己不斷地檢視、傾力完成每項工作。這種情況已經造成了他的困擾，於是想尋求占卜的協助。抽牌時，他在「建議」的位置抽到了「大祭司」。起初我不確定該如何解讀，在他的分享中，才逐漸清楚。

這位客人出生於一個宗教氣息濃厚的家庭，從小貫徹父母教予他的戒律，但他對自己的信仰其實不甚了解，也缺乏認同感。他自幼就時常經歷一些難以解釋的神祕現象，例如在睡眠癱瘓的狀態下產生幻聽、幻覺等。儘管他想自己透過閱讀心理相關知識來探索這些體驗的意義，卻又缺乏動力。當我詢問其幻聽、幻覺的內容，則常與門、開啟或關閉、禁錮等相關。而他強迫自己服從上位者的困境，似乎是在遵從外部權威或依循內心信念這兩者之間拉扯、進退兩難，形成內外不一致的衝突。「大祭司」本身就有神祕體驗、信仰的意味，顯示了由內心通往外在的發展方向；真正的信仰無法由外界施加，當心靈自主的創造力被點亮，學習與實踐的道路便會在眼前展開。

★ 畫面分析

　　整張牌最亮的地方，是大祭司頭部後方的花窗。光線像是由此而來，卻沒有在主體的正面產生陰影，彷彿大祭司胸前的嬰兒也是一個光源。從遠處觀看，宛如一盞夜中明燈照亮前方，帶來富有神祕感的氛圍。接近牌中央，使用了飽滿、鮮活的橙黃色；而其下方的女神則是冷色的，與大祭司的長袍形成對比。底色是深邃的靛藍色，這是土星的代表色，說明了此牌和時間、業力等主題有關。

　　「大祭司」具有基本的對稱結構，即視覺焦點皆陳列在中線上，讓我們依序看到大祭司的臉、嬰兒，最後是女性的臉。此牌透過巧妙的變化，協調左右兩側的重量。例如牌面左邊，大祭司的手持杖上舉——較輕，後方則襯有牛的頭——較重；往右邊看去，另一隻手下擺比出惡魔手勢——較重，對應牛的腿部——較輕。這類佈局，使整個畫面莊嚴、均勻而不死板。中間的幾何切割由最內部的小五芒星，再到逆五芒星，最後是一個大六芒星，有如透鏡般層層聚焦。

伊西斯、歐西里斯、荷魯斯原來是三位埃及的神，在克勞利筆下的泰勒瑪神話中，被賦予了新的意義。人類文明始於伊西斯紀元：重視母性的愛，可由各地原住民普遍的母系社會看出。後來發展到歐西里斯時代，崇敬父親的征服力量，如今尚存的父權結構、種族主義等，都是歐西里斯的遺物。而現在，我們正在跨入荷魯斯時代，主題是整合與覺醒。大祭司手中杖上的三個圓圈，即代表這三個時代。小五芒星中央的嬰兒，就是將投生於世的荷魯斯。由嬰孩荷魯斯的四肢向外延伸的兩層五芒星，使光照耀到了女神的臉龐上，象徵來自伊西斯紀元的母性力量回歸，孕育新世界。五芒星的角分別對應四元素與乙太；而六芒星，則象徵陰性能量與陽性能量的神聖結合。從五芒星走向六芒星，是從內心走向世界，也就是先統整內在世界，再與宇宙進行連結的過程。

背景中的四聖獸分別位於四個角落。依照荷魯斯紀元的新律法，老鷹對應寶瓶座、人面對應天蠍、獅子對應獅子座、金牛對應金牛座。大祭司身後的大象與牛，也反覆強調了土元素沉重而堅韌的特質。牌的最上方有九支釘子，因為「大祭司」所對應的希伯來字母「ו」(Vav)有釘子之意。它們釘著環繞的蛇，令人聯想到罪與救贖；而與之為伍的鴿子，則是潔淨的靈魂。蛇與鴿子的和解也出現在其他大祕儀中，象徵對立的消弭。花窗中央，大祭司的神情沉靜，支撐著整張牌繁複的元素。他指引人走向智慧的光中，是信念的化身。由於這種信念有著金牛座的力量，因此並非虛無飄渺，而是需要由堅實的基礎，逐步建築而成。金牛座的守護星是金星，體現於前方的女神，準備繼承屬於她的新時代（有關女神的詳細故事詳見「慾望」牌）。隨著時代演進，人類將認識宗教的多元並拋棄形式上的分化，共享一切奧祕。帶著這樣的展望，我們都能勇敢追尋靈魂的悸動、聆聽指引我們的聲音，並在地球上堅持貫徹所思所想，實踐、體驗自己的信念。

6

戀人
THE LOVERS

對立與愛的誕生

★ 塔羅筆記

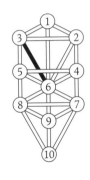

「世界只對一種人而言顯得貧乏，這種人不懂得如何將他的『力比多』（libido）引導向周圍的人事物，讓他們綻放生機和美麗。迫使我們在內心深處創造替代品的原因，並不是外在的匱乏，而是我們自己的無能（inability）——無法用愛來容納一切我們自身之外的事物。」

——《變革的象徵》（Symbols of Transformation〔Collected Works of C.G. Jung Vol.5〕）卡爾・榮格著，Princeton University Press，1977

關於愛，我曾經有個特殊的體驗。那天放學，我依循著平常的路徑回家，搭上擁擠的公車。當車子經過一個光線微弱的轉角處，一瞬間，所有人身上的細節，從衣角到毛孔，都浸泡、消融在拉長交錯的影子間。眼前的景象是那般完

美、協調、合而為一。然而，下一秒，當光線照進車廂，現實重新浮現，人們緊貼著彼此，卻避諱任何可能交錯的視線，彷彿隔著不可見的屏障。如此緊密，又如此孤立，這之間的落差使我印象深刻。儘管擁有便捷的交通，我們卻非常疏離；縱使能輕易地製造連結，卻感受不到愛。在人口爆炸、傳播發達的時代，孤獨感正時時蔓延。

現代生活充斥著一種氣氛，就是一切可以想到的東西，好像都已經被創造過了，我們的思想中再也沒有什麼是新鮮、可以帶來改變的。氾濫的資訊，伴隨持續不間斷的感官刺激，我們投身其中，最後卻只剩下空虛、麻木和無力感。世界仍日復一日機械般運轉。真正具備影響力的，好像只有某些已經存在的大型組織，而平凡個體的意志毫無價值。人們並不缺少情緒，情緒作為一種包裝、一種感染的媒介，廣泛出現在人際、消費、政治等等領域。但是對於愛，我們卻顯得貧乏。此愛不僅是關於家庭、戀人或朋友，也包括藉著與任何對象互相應對、磨合的勇氣與想像力。托特塔羅中的「戀人」便透過象徵解釋了這種力量。

★ 畫面分析

此牌使用了和諧溫柔的暖色調，隱士斗篷上大面積的粉色和白色凸顯出前景燦爛的金黃色，使整體充滿神聖輝煌、幸福洋溢的氣氛。國王與王后的頭部是最明顯的視覺焦點，兩人身上互相交錯的設色與彼此映襯的服裝、器物，讓觀者可以左右對照，察看其中的關聯。而由於牌中有大量直線，包含背景的劍、隱士與國王、皇后的衣摺等等，也引導觀者的視線一路往下，發掘出更多精緻的象徵。

若將天使、紅獅、白鷹三者相連結，可以看到一個頂天立地的等腰三角形，牌中主要的象徵都陳列在三角形的邊上。而紅獅與白鷹的中點是被蛇纏繞的祕卵，以它為中點與天使連線，會發現中線通過的元素都是不對稱的，包括彎弓的天使、莫比烏斯環、側身的蛇。同時在這條線左右兩側的元素又都彼此呼應，動作也互相鏡射。這樣的構圖帶來穩定、秩序和莊重的效果，同時也保有一點靈活、浪漫的特質。

　　「戀人」是托特塔羅中象徵元素最繁複的牌之一。國王和皇后手牽著手、深深對視，在隱士的祝福之下開始神聖的婚禮。此牌有著雙子座的能量，處處可見二元對立、互補相襯的圖像：王與后、亞伯與該隱、紅獅與白鷹、黑與白。左上與右上角的女性，分別是莉莉絲與夏娃，前者為亞當的第一個妻子，因追求自主而被貶為邪惡的象徵；後者摘下禁果，使人類落入凡塵。在此將她們並列，重新賦予兩位母親同等的尊貴地位。種種象徵看似分裂，其實源於同一個種子，也就是牌面最下方的奧菲克祕卵。它蘊含宇宙的起始，也預示即將到來的荷魯斯紀元。隱士的雙手彷彿在指揮音樂，抑或是施展法術；手臂上纏繞著一個墨比烏斯環——它的正反兩面可互相通達——象徵差異背後隱藏的一致性，與祕卵呼應。在最上方張弓的邱比特，箭筒上寫著「θέλημα」，即希臘文的「意志」，讓堅韌的決心貫穿了整張牌的主題。

　　「戀人」對應希伯來字母「ז」（Zayin），意指劍，由背景中劍圍成的牆體現。這個象徵出現在「戀人」也許令人困惑，但其實，愛的本質就包含分化——藉由意識到一個與自身相反的對象，從而激盪出吸引力與啟發心靈的火花。「戀人」所呈現的婚姻並非狹義的感情，而是「煉金婚配」，即內在結構的轉變與重組，是陰陽、善惡、理感之間的衝撞與合體。現實生活中的重要他人，可能是我們投射心理內容的鏡子，能夠反映自己逃避、壓抑的面向，因此與之互動便是在挑戰內在侷限的結構。劍之下，必然產生戰鬥與犧牲，也唯有如此才可能淬煉出最珍貴的精華。如弗洛姆所說，愛是一門需要知識與實踐的藝術。若欲改變社會，就要從個體開始學習如何去愛。我們需要走出各自的舒適圈，秉持意志、敞開自己，願意藉著對方反躬自省，營造兼容兩者的結合體。我相信，只要我們善用已經具備的工具，帶著創造力聯合彼此，一個充滿愛的時代即將來臨。

7

戰車
THE CHARIOT

聖杯的載體

★ 塔羅筆記

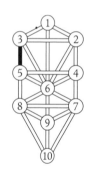

「藍色乃是瑪利亞聖衣的顏色，她是土地，被天空的藍覆蓋著，根據基督教教義，瑪利亞只是『有福者』（beata），並不是『神』；再者，瑪利亞代表著土地，而土地同時也是肉體以及肉體所包含的黑暗。」

——《榮格論心理學與宗教》
卡爾‧榮格著，韓翔中譯，商周出版，2020

　　火元素和風元素有陽性的力量（騎士與王子），而水元素和土元素有陰性的力量（王后與公主）。我們甚至可以直接在四元素的煉金符號中看到，火與風是尖角往上的正三角形，只是後者多了一橫；水與土則都是往下的倒三角形，後者

---

17 *The Book of Thoth: A Short Essay on the Tarot of the Egyptians, Being the Equinox Volume III No. V*, Aleister Crowley, 1974.

也是多了一橫。藍色是四元素中，水元素的顏色。克勞利也稱呼「戰車」的棚頂為「Binah 的夜空藍」（the night-sky-blue of Binah）[17]，Binah 就是生命樹上賦予萬物形體的母親。她象徵的水，是浸禮的介質，也是使生命延續的血脈、瑪利亞用肉身孕育出的基督寶血。

不僅是水，就像是榮格形容的，瑪利亞同時代表被藍天覆蓋的土壤。榮格在其著作提到紀堯姆的《靈魂朝聖頌歌》，紀堯姆看見天使將綠、紅、金三種顏色對應聖靈、聖子、聖父三位一體，唯獨少了聖母，少了藍色。榮格相信三位一體需要第四位，也就是陰性補足。若沒有陰性、沒有大地與肉體，神就不可能成為人，也不可能為人流血。陰性不僅是溶液，也是盛裝它的聖杯；是精神能量著床，最後落實大地的關鍵——母親（王后）與新娘（公主）。而我認為「戰車」作為生命之樹嚴柱上的第一條路徑，談的就是有關陰性傳承的主題。

★ 畫面分析

圓形是建構這張牌的主要元素，例如牌中央的聖杯、車輪、車棚和同心圓的背景裝飾。此外，四根柱子、四隻神獸等排列，也組成了方形的輪廓。然而牌中所有稜線都不會過於銳利，仍保有溫潤的特徵。加上置中、對稱的畫面安排，使人感到安定、規矩，清晰且穩重。

色彩的部分，由於在視覺上冷色有後退感、暖色有前進感，冷暖的映襯使這個構圖上極為安定的畫面帶有一點推進的動力。同時這也彰顯了視覺焦點，從最大的外圓到最小的內圈，有層層遞進的張力。圓形到方形的組成，也帶有自混沌中搭建結構的意象。

★ 象徵聯想

「戰車」對應希伯來字母「ח」（Chet），是「圍籬」的意思。圍籬區隔了空間，讓人能夠分辨自己的歸屬與陌生的環境，而我們的身體正是內在與外界最

79

初的一道壁障。我們可從戰士頭上的藍蟹發現此牌屬於巨蟹座，水象的巨蟹管轄著母性、心靈直覺、家庭等主題。戰士沒有駕車奔馳，只是盤坐其中；不需要移動，因為整個系統已經達到了平衡。他披著琥珀色的鎧甲，呼應巨蟹的色彩；上頭鑲了十顆星星，那是他繼承自天堂母親的露水（celestial dew）、行動之界（Assiah）的十個輝耀。四根柱子象徵四字神名，支撐天地。車棚上繡有「ABRAHADABRA」，這個咒語的數值是418，「ח」（Chet）如拼為「חית」，其數值加總也是418；而荷魯斯的名字 RA-HVVR（Ra-Hoor），也能計算為418。除此之外，還有各種數字遊戲，讓克勞利將「ABRAHADABRA」指向新紀元事功的成就。[18] 而下方的四隻斯芬克斯（Sphinx），分別是四聖獸：牛、獅、鷹、人，牠們的首與身互相交錯置換，顯示四元素的整合。戰士抱著聖杯，置於身體的根基處，當中流淌著母親的水和寶血。他沒有在戰場上衝鋒陷陣，因為他知道，唯一的任務就是承載聖杯。

生命之樹上，「戰車」聯繫著 Binah 和 Geburah；Binah 將靈魂放進形體，而 Geburah 對形體進行解構。當我們離開天界大三角、脫離母親的子宮，並進入有限的時空，會發現有形軀殼消解的必然，進而產生對死亡的意識。雖然 Geburah 給人危險的印象，但其激動驅策了宇宙的新陳代謝，其破壞使表象底下的真實顯露，甚至，其嚴峻是 Binah 的母愛安穩保存的原因。Geburah 是戰車的輪子、戰士身披的鎧甲、巨蟹的硬殼。當我們面對「肉體所包含的黑暗」，不應視之為邪惡的來源。這些剛硬之所以存在，最初都是為了承載我們柔軟的內裡、聖杯中湧動的情感。身體，乃至於一切必朽的形體邊界，都是神聖之愛的容器。儘管我們早已分化成陌生的模樣，各自擁有銳利的稜角，在稍縱即逝的人生中戰鬥。甚至很多時候，是因為對失去感到不安才導致互相爭奪。但在最深處，某些東西不曾被時間帶走，且不斷往下傳承。靜靜端坐、感受內在的聖杯，或許就會想起，我們流著同樣鮮紅的血液，且在靈魂的源頭中融為一體。

---

18 *The Equinox of the Gods*, Aleister Crowley, 1991.

奧秘其中：托特塔羅學習筆記

8

調節
ADJUSTMENT

自然的律法

★ 塔羅筆記

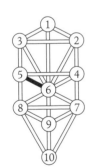

四字神名的故事裡，當王子找到最後誕生的公主，他便瞬間死去，公主則登上了母后的王座。與此同時，他們的父王，即最初的老騎士終於再度被喚醒。隨著一連串的能量流動，宇宙的原初動能與最終成果合而為一，重新達到平衡，故事又即將展開……「調節」這張牌，就是在描述這最終的階段——宇宙能量重新轉換、開啟新章之時。我們可以從牌上看到，女神在天秤上權衡「alpha」和「omega」，即宇宙的「始」與「終」。《啟示錄》22:13 說道：「我是『阿爾法』，也是『歐米伽』；是首先的，也是末後的；是開始，也是終結。」

《托特之書》中說明，「調節」中的正義女神與 0 號牌的主角「愚者」是一對伴侶。乍看之下嚴肅沉穩的正義女神，其實也是擅長舞蹈的哈爾利奎小丑

（Harlequin）。她與愚者的結合，是克勞利思想中的重要祕辛。「愚者」對應的希伯來文是「א」（A，Aleph），「調節」則是「ל」（L，Lamed），合起來就是卡巴拉中常見的神之名「אל」（AL）。當然也可以是克勞利的簽名（Aleister）。《托特塔羅揭祕》中有進一步提到，「AL」是「神」，但反過來是「LA」，即「非神」，表現了「神非神」的神祕學概念。我認為，若接續上述寓言的脈絡，重新思考神與人的關係，會發現人既是神的實現，也始終與之同一。同樣呼應了《律法之書》I:34:「律法屬於全人」(the Law is for all) 的 Law 與 all。。

✦ 畫面分析

　　「調節」是一張構圖工整、細膩而縝密的牌。從正中間的菱形、四個角落的圓球、背後的裝飾等幾何圖形，到頂天立地的女神身上所有配件、法器等立體的事物，都有左右或上下對稱的設計，讓整張牌的視覺效果安定且穩固。色彩部分，則保持在藍綠色的主調中，帶來冷靜、平和的氛圍。

　　在以天秤貫穿的畫面中，此牌玩弄了許多關於重量的視覺元素。女神披戴羽毛的纖瘦身軀看起來相當輕盈，卻從頭頂支撐著結實的金屬鎖鍊和天秤。而天秤所裝載的球體，卻有透明泡影般的質感。一組又一組的反差，讓我們的視線與認知不斷調整，重新衡量這個畫面的輕重。

✦ 象徵聯想

　　「調節」對應希伯來字母「ל」（Lamed），是「趕牛棒」的意思。它是古人駕馭牛隻的常見工具，整臺牛車行駛時的動力平衡，都維繫在那纖細的桿子上。作為人類與動物之間的連動關鍵，它也象徵著意識與本能、文明與自然之間需要達成的平衡。克勞利談「調節」這張牌時，開篇便說：「舊牌的『正義』是一種人工的概念，所以它是相對的。也因此，它並不是自然的事實。任何神學或倫理的

觀點都指出，自然（Nature）不是正義的（just），而是確實的（exact）。」是非、善惡只存在於人類有限的頭腦；大自然並不帶有價值觀，它只精確且毫無私心地反映一切。牌中央披戴鴕鳥羽毛的正義女神瑪特（Maat），就是自然律法的化身。她身處於菱形和球體構成的寶座前，這些以「四」為單位的幾何圖形，構成了律法與限制，也形似柏拉圖多面體的風元素。女神的前額有聖蛇烏賴烏斯（Uraeus serpent）的符號，賦予她主宰生死的權能。而面罩雖然隱藏了她大部分的五官，卻仍然流露一絲微笑。

　　「調節」這張牌擁有明顯的天秤座象徵，因此連結到其守護星金星的特質。天秤與金星都給人溫順隨和的印象，但根據占星的傳統定義，土星在天秤屬旺[19]。土星關乎業力輪迴的沉重主題竟然能表現在天秤中，或許會讓人感到困惑。可實際上，天秤對和諧與美的崇尚，是經過精確計算的。每一件事物的存在、每一次行動的發生，都會觸發相應的力量。這是自然的現象，也是業（Karma）的真正意義。身為擁有諸多缺陷的人類，我們不可避免地受到無常的世事影響，使得精神在兩極擺盪。無論我們正處於宇宙的恩惠或殘忍之中，總是會在此處看見彼端。對命運是嚴肅視之，還是訕笑帶過，僅於一念之間。正義女神以象徵理智的劍支撐天秤，寶劍和天秤兩端組成陽具的形狀，表示陽性的意識思考能力。女神滿足的微笑則表明，一切事物都是完美而真實的，萬物總是在達到動態平衡的過程；她手握的工具是理性，而心中秉持的律法是愛。

---

19 占星學的傳統中，認為當行星落入不同星座時，根據其屬性會呈現能量強弱的不同狀態，包含「廟」（Domicile）、「旺」（Exaltation）、「弱」（Fall/Depression）、「陷」（Detrement）等。

9

隱士
The Hermit

播下智慧的種子

★ 塔羅筆記

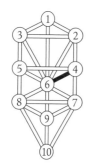

「在埃及，漢密斯（Hermes）本來就是長著白鷺頭（Thoth），因此，被視為是超越原理的鳥形化身。在奧林匹亞的希臘神話裡，漢密斯又重拾鳥類生命的屬性，同時還加上作為蛇的冥府特性，牠手杖上的蛇添了翅膀，變成墨丘里（Mercury）的使者之杖（Caduceus），杖頭多了雙翅膀，而這位神本身則穿著有翼的帽和飛鞋，變成了飛人（flying man）。至此，我們看到他全面的超越力量，他從較低下的冥府蛇意識中超越出來，通過紅塵現實的中介，終至以帶翼的飛行，達到了超人或超個人現實的超越。」

——《人及其象徵：榮格思想精華》
卡爾·榮格編，龔卓軍譯，立緒出版，2013

「隱士」的主角是智慧之神托特，以其鷺頭的形象出現。他同時也是具有陽性生殖象徵的赫密士、翱翔自如的信使墨丘利。隱士所象徵的智慧並非全然抽象、概念化的，而是歷經塵世的淬煉、通過黑暗冥府的洞穴，再連結回燈光輝映的精神層次，才終於完成了整趟旅程。因此，隱士雖然擅長乘著思想的風展翅高飛，卻也和本能緊密結合，帶著耐心與毅力在大地上默默耕種。既為飛鳥，也不曾離開匍匐的蛇，透過創造力和實踐的過程，使生命進化、提升。風與土這兩種元素，就在這張牌中互動、交融、彼此包覆。

★ 畫面分析

湛藍的背景上鋪滿一片綠色的麥田，襯托出血紅的長袍，對比的配色，使「隱士」帶有神祕、深沉的特質。整個畫面第一眼看上去像是靜止的，但若仔細觀察，會發現每一條麥穗都有精緻的曲度變化，與隱士的肢體一同構成律動的效果，彷彿隱士正在往麥田深處走去。除了綠色，牌中也運用了小面積的藍、黃、紅等色彩交織，相當豐富流暢。

塊面的切割，也是「隱士」的一大特色。那盞正八面體造型的燈，發散出許多金黃色的光束，大部分打在他的身體上，尤其聚焦於他提燈的手。這個設計具有引導視覺焦點的作用。此外，有趣的是，此牌的處理方式與一般繪畫在明亮處密集刻畫、暗處放鬆的原則相反。鮮紅、亮黃等高明度的部分幾乎都是平塗和漸層，陰影處卻蘊藏了大量細節，引人入勝。

「Fertility」這個字，可以說是貫穿隱士這張牌的主題。[20]它關係到生物體受孕的過程，也是大地豐饒的祕辛。隱士看起來像是一位年邁的男性，但其實牌中還隱藏著一位年輕的女性。「隱士」的占星元素為處女座，這位處女就是希臘神話中的冥后波瑟芬妮（Persephone）。牌面上的三頭犬克爾柏洛斯，正看守著冥界的大門。在土象星座中，處女座擁有最陰柔、承受一切的特質，帶來四季變化與農耕時令，象徵靈魂透過孕育與容納，進入物質世界的工作。這也是托特塔羅的宮廷牌中「公主」牌所顯示的原則。波瑟芬妮的名字有「光的破壞者」（light-destroyer）之意，她與冥王的結合打破了絕對的光與暗：死亡滲透人間、生命植入冥府，陰陽對立的兩方開始流轉。有了春夏秋冬的遞嬗，宇宙才消長循環、生生不息。

「隱士」對應希伯來字母「י」（Yod），四字神名（יהוה）的第一個字，有「闔上的手」之意。此牌關係到偉大父親、光明與智慧，因此也可以說是造物者的手。隱士的肢體動作，模仿了其筆畫形狀；牌面的視覺焦點，也落在他的手上。隱士長袍上的鮮紅色，具有血液和生命的意象，我們在「月亮」這張牌的時候會再次談到「י」，它將以分娩的血滴呈現。「隱士」提著正八面體造型的燈，燈裡有一顆點亮了黑暗的太陽；柏拉圖將正八面體定義為風元素，這呼應了隱士智慧之神的身分。而那纏起宇宙蛋的蛇，被赫密士的光輝充滿而色彩斑斕；水星的陽性能量和創造力，也可從左下方的精子得知。純粹精神在物質的土壤播下種子，使處女受孕，這是最初意識的誕生、聖靈進入凡塵的路徑，也是萬物創造的過程。神聖智慧總是背對於表象，若想要親近，就得要深入自己、忍受孤獨，並保持專注與謙遜——因為它在我們之中，我們也在它之內。人無法跳過底層感官的體驗來領悟真理，必須以雙手勞動培植自己的身心靈。若願意低頭觀察，每一片土壤，都暗藏偉大的奇蹟。

---

20 *The Book of Thoth: A Short Essay on the Tarot of the Egyptians, Being the Equinox Volume III No. V,* Aleister Crowley, 1974.

10

命運之輪
The Wheel of Fortune

輪迴的喜樂

★ 塔羅筆記

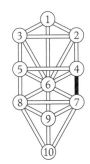

《托特之書》中以一句印度哲學的經典格言「古納輪轉」（the Gunas revolve）闡釋了「命運之輪」這張牌全部的意義。關於「古納」（Gunas）一詞，克勞利認為它無法翻譯。因為古納不是元素、概念、能量或任何東西，它無形地滲入一切之內。世間萬物包含人的心靈現象，都可以歸因於單一或多種古納。就字面上的意義而言，「古納」據說是「絞線」（strand）的意思，彼此交織，紡出命運的圖騰。古納分為三種：惰性（Tamas）關係到死亡、無知、怠慢等，激性（Rajas）充滿活力、光彩奪目而躁進，悅性（Sattvas）則鎮定、智慧且平衡。

「古納輪轉」意思就是上述的這三種「古納」都不可能永遠保持主導，它們不停改變、彼此顛覆、持續辯證。無論眼下的狀態有多麼激烈或沉寂、安穩

或動盪，命運遲早會將它翻轉。這種輪轉看似徒勞無功，卻能為我們帶來更清明的智慧，當然，這份智慧又將在未來陷入新的迷惘。如同榮格在描述個體化（individuation）時說道：「心靈的發展目標是自性（self），這個過程不是線性的進化，而是跟隨著自性的輪轉。」[21]

✦ 畫面分析

　　「命運之輪」的畫面構成相當豐富，由前往後可以看到圓、閃電、放射線、三角形等各種層次。黃色和紫色這組互補色的運用，相當搶眼而神祕，藉由較深沉的大面積紫色，突顯了明亮的視覺焦點。黃色的物體周圍，繪者框上細緻的黑線，避免色陰現象的問題，達到協調而清晰的效果。

　　此牌包含了許多對稱的幾何圖形，例如輪軸、星星、閃電的排列等。但是，動物身體的有機流線造型打破了這種對稱，使輪子就像在運轉一般；背景的漩渦更加強了這股動勢，帶著不規則起伏的波浪線，彷彿將各種形狀的尖銳與圓潤、秩序與混亂，都翻攪進生命的湧動中。

✦ 象徵聯想

　　斯芬克斯、赫密阿努比斯、堤豐（Typhon）是此牌的三個主角。他們在此象徵著前述的三種「古納」，其意義也連結到煉金術的三種元素：硫、水銀、鹽。《托特之書》提到，斯芬克斯是四聖獸（人、獅、鷹、牛）整合的結果，因此具備四種魔法美德——「知、定、敢、默」（to Know, to Will, to Dare, and to Keep Silence），四美德可總結為一種精神：「行動」（To Go），這種行動力就是硫的特質。而左邊的赫密阿努比斯，是赫密士和阿努比斯的合體，兩位神都能引領靈魂

21《榮格自傳：回憶‧夢‧省思》，卡爾‧榮格著，劉國彬、楊德友譯，張老師文化出版，2014。

進入幽冥，具備水銀的轉化力量。最後是下方的堤豐，他是風暴與災害之神，為世界帶來毀滅，主宰鹽的沉寂狀態。

「命運之輪」對應希伯來字母「כ」（Kaph），有「張開的手」之意。東方看手相的傳統認為命運刻畫在掌紋之中，手也如同推進我們生命的驅力。此牌充滿了木星的能量，木星在占星學中被當作快樂和財富等吉兆，克勞利進一步認為，木星象徵的其實是宇宙中所有不可量化、難以控制的因素。由此可知，雖然「命運之輪」在占卜時常常預示突如其來的好運，但此牌背後同時暗示著世事無常。星光明滅閃爍、風暴雷霆驟降，大自然無時無刻都在發生劇變。物極必反、盛者必衰，物質的富足、感官的快樂稍縱即逝。在這一切之上，是由三位神推動的命運之輪，輪中的十根輻條，代表生命之樹的十個輝耀。此圖騰也是濕婆之眼，透過它的凝視，對表象的執著得以瓦解。至此，才看見了木星真正的快樂：命運之輪被神的手撩撥而轉動，沒有偉大崇高的目的，純粹是為了娛樂（amusement）[22]。我認為「倒吊人」和「命運之輪」在生命之樹上有平行關係，前者是墜入凡塵的嚴肅犧牲，後者則對輪迴帶著欣賞與熱愛。傾聽萬物枯榮興衰的韻律，發現時間不曾流逝，每一段過程皆隱含宇宙的始末，並能看見眾生都在喜悅地舞蹈。

---

22 *The Book of Thoth: A Short Essay on the Tarot of the Egyptians, Being the Equinox Volume III No. V,* Aleister Crowley, 1974.

11

慾望
LUST

融合之狂喜

★ 塔羅筆記

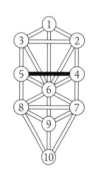

　　當我們談到新時代，即寶瓶座紀元時，經常聚焦於寶瓶本身的特質。不過，當我們觀察某一占星元素時，往往可以藉由對面的元素得到啟發。「慾望」體現了寶瓶對面的獅子，如克勞利所說，新的荷魯斯紀元屬於寶瓶—獅子座（有關寶瓶的象徵內涵，詳見「星星」牌）。獅子強盛威武、熱情充沛，這說明寶瓶理性、兼容、博愛的背後，必須有個人的自由與自信支撐。但自信如果只由他人的評價組成，將脆弱不堪。也可料想，這個科技飛速進步、知識空前普及的時代，需要處理的黑暗面，就是極端的自我中心、對力量濫用的沉迷與背後的空虛。「慾望」落在生命之樹的 Chesed 和 Geburah 之間的路徑，前者像是創建世界的明主，後者像是殘忍嗜血的暴君。聯繫兩位王者，這條路徑有最強大的張力，也顯示了「慾望」的主題和權力息息相關。

從前，維繫集體的秩序與和諧，依賴的是外在賦予的道德束縛。在這種情況下，人並非出於自己的同理心所以善待另一人，而是基於對權威的反射性服從（無論當事人是否覺察）。這點我們可以透過迄今為止的國族衝突窺知一二：當眼前的對象不是自幼被教導要尊重的「同類」，就可能對他做出各種殘忍之事。透過規範控制群眾，消滅、征服異己以得到表面上的安全感，這些都是舊時代的習氣。我們曾經崇拜這樣的領袖，並相信其救贖與懲罰。如今，我們已經知道免於滅亡的唯一辦法是團結一致，但對集體的重視，若仍是因為律法的制約，而非出於自身的理想、各自的意志，那結果便只能是又一次的重道覆轍。

★ 畫面分析

紅、橙、黃等色彩在牌中奔騰，使「慾望」呈現出充沛、火熱的能量。在相近的色調間，繪者透過明暗差距維持主體與背景的分界，使物件的互動清晰明快、層次豐富。在大量的紅色之間，整張牌唯有一處使用了綠色，就是女性手中的聖杯，紅與綠的對比，使其特別搶眼。這個局部細節有著藍、綠、黃明色相的精緻漸層，襯托出杯中飽滿的鮮紅，更強調了此牌活潑大膽的視覺印象。

「慾望」這張牌從人物的姿態，到光線和蛇的流動，所有輪廓全都是圓潤、自然的曲線。主角飄起的長髮，和巨獸繃緊的肌肉，讓這張牌表現出鮮活的張力。這種線條也延伸到背景之中，顯得華美滿溢。畫面的每一個角落都變化多端、百轉千迴，物體彷彿彼此纏綿繾綣，引導觀者的視線隨之舞蹈。

★ 象徵聯想

「慾望」的主角是女神巴巴隆，也是《新約聖經》中的巴比倫大淫婦。《啟示錄》17:4-5提到：「那女人穿著紫色和朱紅色的衣服，用金子、寶石、珍珠為妝飾；手拿金杯，杯中盛滿了可憎之物，就是她淫亂的汙穢。在她額上有名寫著

說：奧祕哉！大巴比倫，作世上的淫婦和一切可憎之物的母。」大巴比倫與諸王行淫，騎著象徵敵基督的惡獸。但是克勞利認為，人們只是對未知的新世界恐懼，所以無法認識她的榮耀。她與所有生命結合，進而融入其奧祕；為眾生服務，甘願為僕，因此偉大。她牽著駕馭野獸的韁繩，把握本能的驅力，她沒有關於罪惡的意識，自由地施展慾望。她是豐富永不匱乏的，因此無須要求眾生為她犧牲，反而向眾生獻出自己。她的愛不能藉由受難換得，只需以快樂相應，並在融合之中，享受無限的狂喜。

「慾望」對應希伯來字母「ט」（Tet），是蛇的意思。蛇帶我們進入有限的生命，這受本能拉扯的肉身。蛇是原罪的代表，也常與性慾、邪惡相關，牌中的聖杯上就纏繞著群蛇。其實，對慾望的恐懼和排斥，源於對自身的不理解。當我們拒絕它、想要抹煞它時，慾望才陷入陰影中，變得危險，甚至被我們投射在外，引發暴力和虛偽的正義。《托特之書》提到，「慾望」是煉金婚配的自然原理。結合必然意味著改變自己，要是害怕改變而自我封閉，也就拒絕了生命互相吸引並創造新事物的魔法本質，只能隨著時間腐朽敗壞。巴巴隆永保青春，因為她的唇吻釀出美酒，讓眾人共飲，喝醉的人們在彼此身上看見了神。這聖杯中傾瀉而出的新酒，就是血，就是生命。沉醉其中的人，所有紛亂的思緒都被沖散，剩下的是「同理心」（Compassion）。透過「同理心」，感受到神聖無所不在，達到了真正的虔敬。這之中沒有絲毫的恐懼或苦痛，只有狂熱──為了所愛而放下自我。「慾望」的強大光輝，就來自這種最純淨真誠的愛，在匯流的血中瓦解所有隔閡，恣意燃燒。

12

倒吊人
THE HANGED MAN

自我犧牲的幻夢

★ 塔羅筆記

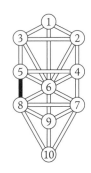

　　「『救贖』是一個負面的詞彙，因為它暗示著某種虧欠的存在。每一個人都擁有世界遺留下來、繁星般浩瀚無垠的資產。面對無知的存在時，應當做的是告訴他有關其內在財富的知識，就像對待孩子或小動物一樣，應該予以絕對的尊重，甚至是崇敬的心意。」

——《托特之書》
阿萊斯特·克勞利著，1974

　　「倒吊人」是一張關於犧牲與救贖的牌。在《托特之書》中，克勞利提到「犧牲」是個錯誤的概念。它是歐西里斯紀元的產物，源於對自然現象的誤解——人類以為必定要透過犧牲才能換得和平與豐饒。若以神的角度來看，人是無知渺小

的。當強大者面對比自己弱小的存在，應當尊重他，引導、教育他去發掘自己的力量；賦權給他，而不是利用罪惡感要求他依賴、崇拜自己。克勞利相信到了荷魯斯紀元，人們會逐漸意識到這件事，從「原罪」與「救贖」的想象中覺醒。屆時，便不再尋找虛幻的救贖，也不再胡亂堆造獻祭的高臺。

閱讀此段落時，我聯想到吉拉爾所著的《替罪羊》[23]。吉拉爾研究了許多民族的神話，發現它們其實是「迫害文本」，即是從加害者角度，自恃有理而完成的紀錄。「替罪羊」理論揭露了集體暴力的範式：當大型危機發生時，群眾會將問題歸咎於某個人或某個族群。這種歸因不是基於事實，而是他們身上的「標籤」，例如異己的、罕見的特質。群眾對這些「替罪羊」進行迫害，並聲稱這是為了根除亂源。最後，還可能為了心理上的補償，又將被害者神聖化。但是暴力永遠無法遏止暴力，「替罪羊」機制解決不了問題，只會埋下盲目仇恨的種子。

★ 畫面分析

「倒吊人」的牌面充滿了清淡的中性色和冷色，對比度也不高，彷彿有一層水霧籠罩其上。此牌的主要用色，為黃綠到藍的漸變，和托特牌中大部分的設計相比，顯得相當謹慎矜持。物件之間伴隨著一些黑、灰、白等無彩色，有區隔空間的效果，也使整體更加精緻有序。連位於畫面中央的身體，都壓抑了皮膚自然的暖色調，顯得蒼白、冰冷。

倒吊人延展的四肢，支撐了整個畫面的重心；他姿態僵硬且身上的肌肉、臉部的線條也都以較為幾何的方式勾勒。此牌的背景有許多塊面切割，從最上方如教堂花窗般的圓形，到下方格柵的處理，以及底部黑色的扇形都被仔細地畫成小碎塊，透過疏密的變化，使我們的視線往畫面中心的人體聚集。

23《替罪羊》，勒內·吉拉爾（Rene Girard）著，馮壽農譯，臉譜出版，2004。

　　一個逆向的安卡（Ankh）牽繫著倒吊人的身體——那是生命之符，在此它與一條蛇交纏，誕下了神聖的孩子。天堂的光輝透過花窗照入，倒吊人的右腿單盤，憑藉左腿的力量支撐，雙手打開，準備沉入下方的池子。在那裡有另一尾蛇，象徵著塵世的苦難與死亡的必然。倒吊人的姿勢像是一個往下指的箭頭，準備深潛黑暗的無意識之水。此牌對應希伯來字母「מ」（Mem），即是水的意思，因為倒吊人與融化、消解的能量相關：這是一場浸禮，也是一場葬禮。倒吊人放棄自身的一切，情願赤裸地把生命交付給神祕的力量，秉持信仰投身到黑暗中。表面上看來，倒吊人被迫在此動彈不得，已經放棄了掙扎，實際上，等待著他的將是一場深刻的內在體驗。倒吊人犧牲了渺小的自我意識，卻可能在未來通過更高、更廣大的心靈視野重生。

　　倒吊人的手腳被釘在綠色的圓盤上，如同耶穌將自己的身體獻給人們，後者的血肉成為了眾生的聖餐。儘管倒吊是一種罪行，但綠色是維納斯的象徵，代表吊人有著對愛的希望。整張牌的基調也彌漫著綠色，流露出源於 Kether 純粹精神的和諧光芒。背景的格柵，令人想到十字架的無限複製；兩極對立之間，倒吊人將視角顛覆。在古老的伊西斯紀元，倒吊人是無罪的，他只是「溺人」（The Drowned Man）[24]，漂流回母親永恆的子宮；但是到了歐西里斯紀元，倒吊人成為了異端、必須宰殺的代罪羔羊。我們可以想見，這些自願犧牲的聖者，心中懷有多少期許而走上這條路。可我們在其離開之後，真有成長了嗎？又或者只是望著天空等待，同時重複著一樣的錯誤？如果沒有真實的意志，徒有虛妄的盲信，倒吊人終究只是一場幻夢；倘若能從中得到啟示，夢就是我們最好的老師。

---

24 *The Book of Thoth: A Short Essay on the Tarot of the Egyptians, Being the Equinox Volume III No. V,* Aleister Crowley, 1974.

13

死神
DEATH

傷痛裡的寶藏

★ 塔羅筆記

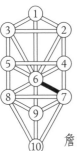

「神學裡面每一個關於復活的幻想或許就是對於死亡的一種防禦；心理學裡每一個對於重生的幻想或許就是對於深度的防禦；每一個將夢意象翻譯成日常生活及其關心的事物之夢解釋，都是對靈魂的防禦。」

——《夢與幽冥世界：神話、意象、靈魂》
詹姆斯・希爾曼（James Hillman）著，王浩威等譯，心靈工坊出版，2019

「死神」是一張呈現心靈底層、無意識世界的牌，他統轄靈魂的基礎、夢境的根源。我們所厭惡的、想要迴避的特質，都會在成長過程中，被默默推入黑暗的冥府。死的議題在許多文化中被視為禁忌，是無法被討論、可怕駭人的。《夢

與幽冥世界》中提到，西方基督宗教嚮往復活的救贖，顯示了其對死亡的排拒。而佛洛伊德精神分析的脈絡，將夢視為慾望的滿足，一種需要回歸到白天生活來詮釋才有意義的殘缺產物。

在嘗試理解夢境與無意識時，往往會把夢中的角色當作生活中相應的角色，或者現實主題的反映。如此解析雖常有不錯的效果，卻將夢和無意識限縮為生活與意識的附庸，稀釋了黑暗的深邃。影子本不需要與光對仗才有意義，靈魂汪洋無垠，也非用來豐富自我意識的水滴。當我們臣服於靈魂，放下所有理智的武器，我們將會發現：執著白天的、意識的視角，才會聚焦於死亡或沉睡的可怕。正如同歐西里斯紀元的「垂死之神公式」（ Formula of the Dying God ）[25]誤以為犧牲是重生的代價，不知靈魂其實是永恆的。死亡的重點並非等待在陽間復活，而是開啟另一種生命。

◆ 畫面分析

死神烏黑的骷髏身軀正舉著一把鐮刀起舞，每塊關節與骨骼也都精巧細緻、帶有動勢。畫面上方有一隻張開雙翼的老鷹；而近處則是蠍子、蛇、魚等生物，彷彿沉積在海底。許多流動漂泊的靈魂，伴隨迴旋的線條切割向遠方的消失點延伸。直線與輕盈的曲線互動交織，使整幅畫面虛實交織、疏密多變。

至於色彩的部分，此牌整體的彩度較低，但也透過較為明亮且冷暖兼具的背景，強調黑色的主體。紅褐色與黃色的大範圍漸層，襯托出藍綠色的物體，讓前後的層次清晰。底部凝滯濃重的用色因為上方的光輝得到舒緩，穩重卻不僵硬。

---

25 克勞利認為「垂死之神公式」是舊時代宗教的普遍範式，強調要為父神犧牲自我，才能得到救贖與新生。參見 *The Book of Thoth: A Short Essay on the Tarot of the Egyptians, Being the Equinox Volume III No. V*, Aleister Crowley, 1974

　　「死神」是第十三張牌，克勞利稱它是前兩張牌「慾望」和「倒吊人」的總結。個人認為「倒吊人」是靈與水，「慾望」是肉與火；「死神」則透過死亡，讓看似相斥的兩者以其真實本質匯合。「死神」對應希伯來文「נ」（Nun），意味著魚，並連結到天蠍座的能量。《律法之書》中説明，魚、蠍子與蛇的本質是相通的——「倒吊人」屬於雙魚座，而蛇的希伯來文「ט」（Tet）指向了「慾望」。「死神」描繪出煉金術的「腐敗」（putrefaction）階段：在黑暗的鍋爐內，事物分解成各種元素。驅動這個過程的是火星的熱力，從蘊藏宇宙萬物的奧菲克祕卵中升溫發酵，形成我們在牌面上看到的三種動物，代表天蠍座能量的三個階段。第一階段是蠍子，描述極端壓力導致的自我毀滅，也就是「自願讓改變發生」（willingly subjects itself to change）。第二階段是蛇，牠和魚密切相關，具有基督宗教的特質，環繞著生與死、慾望和犧牲的輪迴。第三階段是老鷹，牠是最純粹的煉化成果，像溢散的氣體般自由地飛向高處。

　　當我們抽到「死神」，通常會直接聯想到負面、沉寂的結局。但腐敗的環境會帶來一連串化學變化，各種雛形在其中醞釀，持續依循著永恆的節奏舞蹈，只是這超越了我們肉眼的觀察力和意識頭腦的理解力。死寂是表面上的幻覺，底下則流淌著宇宙能量的祕密。死神揮舞鐮刀，而骷髏象徵物質世界最基本的結構，它不會被自然變化影響而瓦解消失。死神頭上配戴著歐西里斯之冠，這位男神在冥府依然擁有統治權和創造力，他使陰暗的水氣湧起泡沫，靈魂以各式各樣的姿態浮出，新的結合體不停誕生。若我們正在經歷「死神」，催促、強迫自己用積極向上的態度打破僵局，便是徒勞無益的。不需要用生活的美感來醜化腐敗的過程，也不需要用白晝的眼光評判黑暗的價值。不如停下所有動作，允許自己感受內在世界正發生的劇烈變化；不必急著好起來，因為有些寶藏只在傷痛的最深處存在。

14

煉化
ART

生命整合的藝術

★ 塔羅筆記

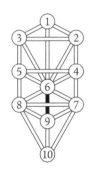

「在其上者不同於在其下者。」(That which is above is not like that which is below.) 克勞利敍述此牌時寫下了這句話。然而廣為人知的翡翠石板[26]，卻流傳著看似相反的教誨：「如在其上，如在其下。」(As above, so below.) 這句煉金術的重要格言表明了小宇宙與大宇宙的相應，難道它有誤嗎？克勞利認為，在解釋這句話之前，首先要釐清什麼是「上」，什麼是「下」。

卡巴拉生命之樹的結構中，有一個關鍵的上下轉折，即看不見的深淵 Daath。Daath 位於天界大三角下方，標誌著純粹精神趨向物質世界的分界處，真理從它開始被面紗所掩蓋。克勞利說明，雖然我們本是同源、並無分別，而且

---

26 *Emerald Tablet*，又譯《翠玉錄》。

99

「你的心就是宇宙的心」。但是，小宇宙和大宇宙彼此卻有著相異的運作原則。「在以 Daath 為基準往下的世界，對立代表分裂；對 Daath 上的世界而言，對立則是聯合。」[27]由此可見，「對立」或者「內在的矛盾」之於上下兩個世界有著不同的意義，卻也貫穿二者。「如在其上，如在其下。」是正確的；「在其上者不同於在其下者。」也是正確的；就像一支箭的箭頭與箭羽組成不同，卻仍然是同一支箭。

★ 畫面分析

　　此牌由中心往兩側放射的構圖，人物與鷹、獅共同形成的等腰三角形，皆使觀者能夠清晰對照雙方。除了三角形，圓形也多次出現於主角的乳房、背景的圓盤、聖杯的杯口等各處，點出了融合的意象。牌中運用了由冷到暖的色彩，橫跨藍、綠、黃、紅，營造出盛大莊嚴的氛圍，也讓空間層次在透視較為無效的角度下仍然清晰。

　　我們可以將此牌與「戀人」互相參照，「煉化」中出現了許多「戀人」的設計，例如鷹與獅色彩的交錯置換，以及陰性與陽性的象徵元素。「戀人」中的國王與王后在此合為一體，原本分別裝飾著兩人衣服的蛇與蜜蜂，也混雜交織於具有新春生命意象的綠色衣裙上。奔騰的水火加上色彩的鮮明對比，也為對稱的構圖增添了變化。

★ 象徵聯想

　　「煉化」的牌名原文為「Art」。在中世紀，「art」泛指相對於自然（nature）的人為技術、技藝或傳統。此外，「art」也是古英文中的「are」，即「be」的第二

---

27 *The Book of Thoth: A Short Essay on the Tarot of the Egyptians, Being the Equinox Volume III No. V*, Aleister Crowley, 1974.

人稱單數，因此也直指人類「存在」的核心。希伯來字母「ס」（Samekh）的外型就像一個冶煉金屬的鍋爐——為了解釋「煉化」，我們要談煉金術，但是以下提及的所有物質都不應從化學的角度思考，請從象徵的角度體會。因為煉金術追求的其實不是貴金屬，而是生命的真理[28]。牌中背景有一串拉丁文「VISITA INTERIORA TERRAE RECTIFICANDO INVENIES OCCULTUM LAPIDEM」，意思是「探尋大地的深處，透過粹煉提升、去蕪存菁，將找到隱匿的寶石。」字首加起來就是硫酸「V.I.T.R.I.O.L.」，煉金術師們認為硫酸是宇宙的溶劑（Universal Solvent），擁有將萬物融合的強大力量。「探尋大地的深處」是一趟深入內在世界的下潛之旅，而「粹煉提升、去蕪存菁」是聚焦、純化自身意志（Will）的過程。至於「隱匿的寶石」，常被稱為「賢者之石」（Philosopher's stone）或「宇宙之藥」（Universal Medicine），傳說其能點石成金，因為它有個特殊的屬性，結構上分為紅、白（或金、銀）兩個部分，卻又俱為一體。

　　既分裂又合一，這就是存在的本質。「戀人」是剛開始意識到客體與主體之分的階段，而「煉化」在對立的基礎上展開聯合：「煉化」中雌雄同體的主角，是「戀人」中國王與皇后結合的狀態。在「戀人」中，天使邱比特正在拉弓，他射出的箭成為了「煉化」的主題，也是此牌對應射手座的原因。另外，「煉化」的鍋爐裡，盛裝著「死神」的黑暗所遺留下的骷髏，這是煉金術的殘渣（Caput mortuum）；在其上方、主角胸前，則有支箭展開一對彩虹。如果沒有分裂、沒有你我之別，就無法體驗任何事物，也不可能去愛；但倘若沒有奠定於分裂之上的融合，我們擁有的就只剩下表淺的迷戀、單方面投射的情感。「煉化」的過程，會承受萬箭穿心般的痛苦，會感受到對方與自己的異同；在鍋爐中衝突、對話，並反思自己陌生的陰影，浸泡於潛意識的神祕溶劑內解構、重組。「煉化」促使我們處理人與自己、與他者，乃至和宇宙的關係。秉持堅定的意志，清明的理解才從中凝結；如

---

28 參見 *The Black Sun: The Alchemy and Art of Darkness*, Stanton Marlan, Texas A&M University Press, 2008.

果失敗，那便是心靈的死亡。「煉化」完成後，我們都已經重新誕生，不再是原本的自己，這就是「賢者之石」或「宇宙之藥」所象徵的轉化與療癒。然而，這並不是結束，只要生命持續與外界的刺激交會，我們就必然會面對新的矛盾，如克勞利所説：「除了自身所包含的矛盾之外，再沒有什麼是真理了。」[29]

29 *The Book of Thoth: A Short Essay on the Tarot of the Egyptians, Being the Equinox Volume III No. V*, Aleister Crowley, 1974.

15

惡魔
THE DEVIL

向物質世界微笑

★ 塔羅筆記

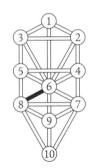

談到惡魔，我總是想起《浮士德》中的梅菲斯特。他與浮士德看似彼此對立，實為一體兩面；浮士德追求真善美，而梅菲斯特是「永恆否定的精靈」[30]，他們彼此推進、較量、激發。傳統宗教視魔鬼為可怕、危險的存在，但是在托特塔羅的概念中，善惡並沒有絕對。梅菲斯特否定道德等抽象價值，卻也可以說是一種對物質世界、肉體本能的肯定。惡魔契約或許是陰險的誘惑，為了騙走浮士德的靈魂，然而，浮士德長期活在精神的領域，對凡俗生活的經驗極度貧乏。為了變得完整，他必然與惡魔簽訂契約：再活一次，進入生命的另一個面向。

30《浮士德》，歌德（Johann Wolfgang Von Goethe）著，海明譯，桂冠出版，2000。

浮士德與惡魔，就像是自我與陰影。在崇尚理性的文化中，陰影往往是原始本能主導的形象，也就是放蕩、貪婪的邪惡之輩。我們倘若不理解自己內心的陰影，便會對其感到恐懼與排斥；認同光明，將黑暗投射於外並嘗試消滅。當群眾需要一個投射的對象以解決危機，就會產生替罪羊，諸如獵巫、種族迫害等事件，皆能以此機制解釋。內在世界的分裂，往往導致外部世界的災禍。暫時逃避了問題，卻陷入更加失衡的狀態。是故，我們應當認識、整合自己的惡魔，因為他擁有另一種我們所欠缺的智慧，能幫助我們避免分裂帶來的滅亡。

★ 畫面分析

「惡魔」的用色多以低彩度的濁色為主，給人深沉、古老的色彩心理感受。雖然都是低彩度，卻冷暖相間、明暗映襯；中軸以深棕色為背景，凸顯山羊的灰白，下方的球體也以橘、褐色打底，來表現人體的藍、白。此牌有著左右對稱的基本結構，並以陽具的造型貫穿整個畫面。背景充滿漂浮游移的線條與塊面，形似細胞分裂或某種肉體組織，更彰顯前方物體雕塑般清楚而穩固的造型，也給予壓迫感強烈的構圖一些舒緩空間。

觀察此牌的細節，會發現複雜混亂的男女肢體，分別縮限在兩個圓形之中，加上翅膀中央特別顯眼的紅色太陽，三個圓可連成一個三角形。而山羊有著一對螺旋狀的長角，直接從上緣的兩個角落延伸至畫面外，並與其額頭中央的第三眼呈現另一個三角形，以此平衡下方三角形的重量，讓畫面顯得沉穩、靜止。並且，上下兩個三角形的尖端，都將觀者視線引導到山羊的面部表情，彷彿被凍結在牠的凝視之中。

★ 象徵聯想

公山羊露出微笑，靜靜地觀察著一切。微笑是出於自信，出於對物質世界規律的掌控力。其對應的希伯來字母「ע」（Ayin）有眼睛的意思，第三眼是穿透

性的洞察力，能夠通曉事物的本質。山羊代表摩羯座，根植於大地，一步步踏實地累積物質的利益和權威，並跟隨著本能慾望，與肉體有著緊密連結，不嚮往虛無飄渺的世界，只追求人間的寶座。羊與惡魔的關聯，可追溯回羊頭人身的惡魔巴風特（Baphomet）：他是異教崇拜的偶像，同時具有分解和凝結的力量，呈現煉金術的平衡、完美。一對螺旋攀升的角，暗示著兩個尖端朝上的逆五芒星，能夠召喚黑魔法，也是對基督教正五芒星標誌的反對。惡魔並不相信有某個超然的上位者能夠賜予真理和永生，他透過體驗尋找自己的答案，並活在當下、享受人生。羊頭上蓮花編成的王冠象徵伊西斯，羊足前佇立的蛇杖象徵歐西里斯，而蛇杖上方展開著有翼的太陽象徵荷魯斯——橫跨三個時代的智慧，造就了惡魔的權能。

畫面下方的兩個圓裡，分別包含著四男四女，他們是正在成長的胚胎，顯示不同發展階段的樣貌。人從出生之時就攜帶著古老的記憶與本能，相較於偉特塔羅以鎖鏈強調慾望帶來的痛苦，托特塔羅將慾望視為驅動生命的力量：不需壓抑，而是正視它們，憑著意志做出選擇；每個選擇導致的結果，也終會回饋到自己身上。背景的樹幹是生命之樹，與兩個圓共組成陽具的形狀，向上穿過光環，推進母親的子宮，如同《浮士德》結尾的名句：「永恆的女性，帶領我們飛昇。」性行為背後的奧祕，即與對立面的結合，既是回歸也是創新。人類能夠昇華本能的力量，透過各種創造活動體現自己生命的價值。惡魔不可怕，人心也不可怕。理解自我的黑暗與光明、靈魂與肉身、精神與凡塵，洞悉真實，於是能優雅地面帶笑意。

16

塔
THE TOWER

解構的力量

◆ 塔羅筆記

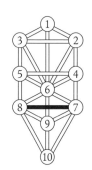

「我在一個荒涼的動物園,有人說要做實驗,要把獵豹和猩猩放在同一個籠子裡觀察牠們打架。我便看向關猩猩的圍欄,實驗員提了一隻特別瘦弱的猩猩出來。我卻越看越覺得奇怪:牠面無表情,眼神灰濛,卻很像人類。我開始掃視欄裡的其他猩猩,他們真的是赤裸的人類,卻像死了似的,盯著某個我看不到的地方。我轉頭,發現圍欄居然是無限大的,一層一層地旋轉,爬滿整座山;再仔細看,這其實是一座廟。廟裡的紅柱子支撐著大批死人,它們多到身體互相交疊,越上層的人死得越徹底,空洞麻木,幾乎沒有動作。我忽然飛到山頂,聽見了某種音樂,看著那些人的死狀。奇怪的是,我既不害怕也不憐憫,只有平靜。」

奧秘其中:托特塔羅學習筆記

這是我在2015年做的夢。後來，當我看到「塔」這張牌時，就直接想到此夢，也透過「塔」開始詮釋此夢的意義，於是這張牌就成為了撰寫塔羅筆記的開端。延著山脈向上而建的巨大廟宇，就像是一座塔，沉積許多已經毫無動力的心理內容，卻向著崩裂持續建造。當時的我，必須面對改變，卻又害怕改變。潛意識似乎嘗試告訴我，衝突、破壞是一種轉化的必經過程，在磨耗殆盡後，將迎接更廣大的世界。

近年來，我們經歷了許多天災人禍，見證暴力與分裂。人與人的關係、人與國家乃至與自然的關係都遭逢劇變。這些創痛很容易讓我們活在恐懼之中、對未來感到悲傷無助，並回歸到生存模式，只想保護眼前僅剩的一切，排斥所有具潛在危險的「他者」。但是，這樣的心境可能使我們無法進步，甚至退行、感到渺小。每當我們決定做出一個變革，無論或大或小，都是在撼動既有的架構。儘管解構總是伴隨令人恐懼的失去，但在夷平的大地上，才能有新的創建；斬斷枷鎖，才能展翅飛翔。

★ 畫面分析

「塔」的形象令人聯想到《聖經》中的巴別塔。藝術史上最廣為人知的巴別塔，應屬文藝復興時期由尼德蘭藝術家布魯哲爾（Pieter Bruegel de Oude）所繪的系列作。他的巴別塔是細膩靜態的，逐漸腐朽凋亡、紛亂零落，呈現作者對文明發展的憂慮。而這張「塔」在畫面表現上卻相當動態、強烈，讓人感受到毀滅瞬間的震撼。不同於托特牌中的許多牌透過漸層製造光影立體感，「塔」的上色很平面且線條大膽。採用紅、橘、黃和黑，明度、彩度皆對比，可謂相當搶眼，製造出危機、緊張的色彩心理感受。

這張牌的畫面可分為四個層次觀看。最靠近觀者的第一層，有一張血盆大口吐出火焰。第二層是被劈開的塔以及分崩離析的人們。第三層用一道雷電作為框景，使觀者的視角可以在塔、眼、火龍的口這三個被雷電連結的主體間遊走。

第三章、大秘儀

發散的光線覆蓋了整張牌，將畫面以放射狀切割，與物件紊亂的輪廓線互相衝擊，在破碎之中，帶來了新的秩序。最後一層，黑色的背景襯出蛇和銜著橄欖枝的白鴿，和荷魯斯之眼形成一個鈍角三角形，有平衡的作用。

★ 象徵聯想

「ㄱ」（Pey）有「口」的意思，呼應著牌面右下角吐出火焰的大口。牌名右邊則是火星的符號，火星主宰戰鬥、破壞，有駭人的爆發力——這樣的氣氛充滿整張牌。畫面上方睜開的眼睛看著塔的傾頹與人的衰亡，在悲慘的局勢中保持清醒；它既是印度教中象徵毀滅的濕婆之眼，也是荷魯斯之眼。泰勒瑪的觀念中，荷魯斯紀元是一個如孩童般開放、嶄新的時代，因此，荷魯斯之眼的出現，也預示了新世界秩序的曙光。背景的白鴿和蛇，通常前者象徵純潔與和平，後者則是邪惡與誘惑，但在塔的解構力量中，這組對立被消弭了。就像許多陳腐的價值觀與刻板印象，將在災難中顯露真相。毀滅讓我們不得不直面謊言底下隱藏的問題，痛苦帶來清醒與自由，並從侷限中發現多元，從失能的化約標準底下看見平等。

「塔」是一個高聳入雲的權威體系，擁有積累已久的沉重外殼，內涵卻已空洞陳腐。然而，除了外在的權威體系具有結構，個體的心靈也有其結構。深度心理學便是建立在這樣的假設上，以嘗試理解人的內在世界。「塔」也是一種偏狹的個體發展，過度著重於一個向度的極端累積，便禁錮了心靈的其他可能性，如成長過程中必須蛻去的殼。「塔」意味著我們原本認為穩當的東西崩潰了，這個結果背後通常有著一系列錯誤的累積——毀滅並非來自外界的懲罰，而是我們的選擇。鴿子與蛇是象徵，源於《律法之書》[31] 提到的兩種愛。「愛是律法」，然而這兩種愛容易互相混淆：鴿子的愛是承襲基督宗教精神，出於恐懼、為了贖罪而

---

31 *The Book of the Law*, Aleister Crowley, Weiser Books, 1987.

行的愛；至於蛇的愛——如「慾望」牌所展示的——則是源於自身意志的純然之愛。當閃電劈裂末日的天空、擊倒了塔，原本習慣的狀態被摧毀時，我們難免渴望一個新的寄託，同時，也勿忘在進行選擇之前謹慎區辨二者。隨著新的紀元到來，人們必先經歷動盪，意識到既有勢力的殘破不堪後，起身做出改變，並打破自己僵化的人格結構。只有經過深刻的自我解析，覺醒才得以發生。

17

星星
THE STAR

渺小中的無垠

★ 塔羅筆記

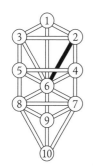

「每個男人和每個女人都是一顆星。」[32]克勞利的這句話點明了泰勒瑪神祕學的核心，既表達了性別的平等無分，也顯示了人神的聯繫。夜空與繁星女神努特（Nuit）在泰勒瑪神話中是一切的本源，由她產生了其他神祇乃至整個世界。而我們每個人，也同努特一般是光的中心。努特對人說：「我高於你，卻又在你之中。我因你的狂喜而狂喜，你的愉悅便是我的愉悅。」努特不索求人的犧牲與崇拜，因為只要我們活出自己，就是活出她的一部分。唯一的信念，從來不是被定義的成規，或一個有名望的權威，而是內心自存的神性。當我們依循著自己真實的意志而行，如行星沿軌道運轉，就能熠熠生輝。

---

32 *The Book of the Law*, Aleister Crowley, Weiser Books, 1987.

若向瞬息萬變的外部世界張望、被浮動的標準與期望牽引，便容易迷惘、自我價值感起伏不定。不過，我們要是願意向內看，尊敬內在世界的無垠夜空，會發現星光始終寧靜澄明。黑暗的夜晚，星星總是更顯明亮；生命渺小易逝，卻總能勇敢地仰望。每個數字都是無限，每個瞬間都照見永恆，雖是個體，卻充盈著集體的光輝。儘管侷限在這個脆弱的肉身內，人們從來都不是孤單的——每個人自成宇宙，也都是彼此的一部分。哪怕此時形單影隻、受到現實條件阻隔，但無論身在何處，都能與斑斕的群星連結。

✦ 畫面分析

「星星」是一張靜謐優美的牌。畫面中運用了許多藍、靛、冷灰等冷色系色彩，搭配溫柔的粉紫色，營造神祕氛圍，卻不會過於冷冽，整體充滿和諧與安詳。同時利用深色為底，襯托淺色的女神努特，使她彷彿在發光一般潔白明亮。地上的結晶與寶瓶都是透明的，更顯澄澈、光潔。右下角點綴著數朵薔薇，以及翩翩飛舞的蝴蝶。此外，細節處大量出現小白點與細線，增加了裝飾性，也給人星暈在眼中輝映的感受。

整體 S 形的構圖提供觀者讓視覺自由伸展、靈活遊走的空間。左上方的七芒星符號，發散出七道光芒，其形態與牌中央水瓶的刻紋相呼應；加上女神身軀和頭髮的曲線，使畫面柔和婉轉，並產生迴旋、流動的視覺效果。

✦ 象徵聯想

「星星」的故事發生在「塔」之後。「塔」是既有事物分崩離析、混亂與毀滅的階段，而「星星」則在這一片死寂的廢墟之上默默升起。此牌對應希伯來字母「ה」（Hey），有「窗戶」、「揭示」的意思，「星星」是一個預兆，為新紀元的誕生拉開序幕。畫面中的寶瓶特意設計成乳房的形狀，代表女神努特孕育眾生的

力量，也暗示物質世界中，人們對於回歸母體的永恆渴望。努特右手持金製的瓶子，裝著萬象更新的力量、取之不盡用之不竭的可能性；左手持銀製的瓶子，裝著永生的靈藥，由她澆灌在大地上。金銀這兩種元素，前者關係到太陽、意識，後者關係到月亮、潛意識。七芒星在煉金術中象徵著靠近地球的七個星與七種元素，也被認為是連結天堂的階梯。克勞利用它作為其組織 A∴A∴的標誌，A∴A∴意指拉丁文「Argenteum Astrum」，即「銀星」。而地上的結晶反射著萬千宇宙，如同每一個靈魂都與萬物互相映照。右下角的薔薇與蝴蝶，則是自由與愛的精神，正在生命之泉的滋潤中萌芽。

　　這張牌對應的占星元素是寶瓶座。榮格曾透過其著作《伊雍》[33]分析了他所屬的雙魚座時代。基督宗教的發展，以及當時人們內心二元對立的痛苦拉鋸，都可從春分點在雙魚的象徵意義裡窺見。而現在的我們，也已看見走向寶瓶座時代的徵兆。寶瓶帶來了科技、資訊的革新，以及對理性思考、個體獨特性的重視。雖然也會有過度分析、抽離與理想化的問題，至少人們已經有能力透過更客觀、廣闊的視角看待事物，並向內尋找信念、自立覺醒。除此之外，寶瓶的符號也代表人逐漸從越來越細緻的分化中反思，意識到所有宗教、思想、知識的流變，其實都將回溯到同一個源頭。自古以來，星星為人類指引方向，是人們祈求願望的對象。如今我們明白，每一個堅定自己腳步的人，都是在經歷變革與磨難後，升上夜空的璀璨靈魂。無論我們有多麼渺小，在體驗變革與破壞之後，若能洗滌遺留的創痛，追尋自己的信念，就是在為這個世界帶來嶄新的光。

33《伊雍：自性的現象學研究》，卡爾‧榮格著，周俊豪譯，楓書坊出版，2022。

18

月亮
THE MOON

通往無意識之門

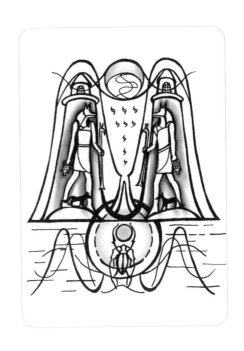

★ 塔羅筆記

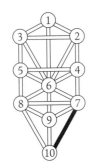

　　月亮象徵著內心世界，關係到母親、陰性，她在星座命盤中顯露了在個體主要性格之下，較為曖昧不明的私人情感、歸屬感、記憶、習慣。月亮的陰晴圓缺，能夠影響人類的生理與心理。對我而言，這是自然與人類、外部世界與內在，古老而原始的連結。「月亮」這張牌，在塔羅占卜時容易令人想起較為消沉、陰暗的時刻，與隨之而來的恐懼。我們常以為自己害怕的是未知，其實那些往往是內在受傷的記憶或被封印的感受。當它們被錯落的月影勾起，便投射成我們畏懼的形象。因此，這份恐懼與其說是對全新事物的憂慮，更多是對重蹈覆徹的害怕。

　　佛洛伊德在其1919年的著作 *The Uncanny* 中提出，對令人害怕的事物進行分析，其結果總能追溯到我們已經熟悉的事物；他談及德文「heimlich」這個單字，

意思是舒適、友好、安全的，但「heimlich」有時卻也代表其反義詞——可怕的。細究之後，佛洛伊德發現這個意味著舒適、安全的詞，其意義也延伸到家中的、私密的、隱藏的、女陰的意思，最終導向到令人不安的意義。藉此，我們可以聯想到月亮的力量，她解鎖了無意識的大門，引人回到被塵封的家。「月亮」給予我們追溯的機會，倒退至初次與母體分離的過程，感受那最熟悉又陌生，始終以夢和祕密的語言，召喚我們回歸的月光。

✦ 畫面分析

「月亮」是一張左右大致對稱的牌，互相凝視的胡狼神、聳立的高塔、規律的波型，共同營造出充滿秩序感的構圖，使氣氛神祕而凝重。用色部分，此牌冷暖交織，籠罩在古雅的中性基調中。左右兩側以較為濃重的色彩處理塔與胡狼神，反襯日月之光的清亮。背景藉波峰與波谷的形狀區分塊面，並讓半透明的色彩如浪潮般互相交疊，勾勒物件的輪廓。

不同於大多數的牌面，此牌的地平線並不位在畫面底部，而是在約三分之一處，分割出了地上與地下兩個世界。地上的世界，多以具象的方式描繪，而地下的世界則充滿抽象化的線條。地面上的事物多為瘦長的形狀，給人垂直的感受；而地面下繪有許多水平線，予以平衡、支撐。畫面的中軸線除了使左右兩側對稱，同時也是接通兩個世界的渠道：地下世界的太陽被具象的聖甲蟲推進，光輝從這裡湧入地平線上方的新月，由此呈現二者之間的流動與相互映射。

✦ 象徵聯想

在山谷與塔樓之前，一對胡狼神站在日月輪迴的水道兩側。埃及神話中的胡狼神阿努比斯是陰間旅途的守護者，他被稱為「在其山嶽之上者」（He who is upon his mountain）[34]，凸顯了他管轄墓地的職權。他們一手握著形似水星符號的

生命之符安卡，另一手持著帶有智慧與治癒能量的朱鷺權杖。阿努比斯曾幫助伊西斯蒐集其丈夫歐西里斯破碎的身體，讓他們最終可以團聚並結合。由此，他牽繫了陰陽兩極，引導人們走向死亡與重生。兩座山峰之間的溝壑，像是母親的產道。牌中央有九滴以「˒」（Yod）形狀繪成的血滴，「˒」是上帝之名的第一個字，令人聯想到分娩的神聖與犧牲。如同天空女神努特每夜吞食太陽，並再次誕下他；意識於晚間進入睡眠，穿過無意識的海洋，再隨黎明重新升起。

　　「月亮」對應希伯來字母「ק」（Qof），它是唯一一個筆畫低於基線的希伯來字母，有位於後方、末位的意思。這個特性連結到「月亮」隱藏的形象，也符合此牌面特殊的地平線設計，並同時與雙魚座處於黃道十二宮最後一位的角色相契合。雙魚是水元素的匯聚點，也是生命的終與始；它象徵著集體無意識無邊無際的汪洋，擁有豐沛的情感和想像力，容納深沉古老的靈性智慧。海洋是極度危險的，蕩漾幻夢的同時也激起瘋狂，足以將個體消融瓦解。許多探索無意識的人，就在其水域中永遠迷失。「月亮」指出一趟危機四伏的航程，且註定孤獨前行，無人能代替自己完成。但在回顧內心潛藏的種種慾望和痛苦之後，我們便不再侷限於心靈的一隅、受往日鍛造的鎖鏈制約，能夠用更整全的視角看待一切，做出自由的抉擇。沒有一種覺醒不伴隨著痛苦而來，深入那些折磨我們的事物，裡面往往藏著解藥的祕方；經過夜色的洗禮，我們將迎向晨曦。

---

34 *The Book of Thoth: A Short Essay on the Tarot of the Egyptians, Being the Equinox Volume III No. V,* Aleister Crowley, 1974.

19

太陽
THE SUN

破蛹而出的新生

♦ 塔羅筆記

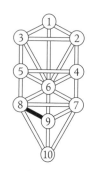

克勞利在《托特之書》中稱太陽為「最簡單的牌之一」。因為這張牌直接代表 Heru-ra-ha，即泰勒瑪概念中，新紀元的荷魯斯神，這點在直觀上是非常清晰明確的。當然，太陽的特性也是掃除一切晦暗不明的陰霾、帶來清朗的意識。然而，克勞利對此牌寓意的描寫，也絕非寥寥數語可以完全闡釋。Heru-ra-ha 包含了荷魯斯的兩個面向：安靜神祕的 Hoor-pa-kraat，和活潑主動的 Ra-Hoor-Khut。結合了上述兩種生命的姿態，Heru-ra-ha 是自由、光、生命和愛的主宰者，他引領著新紀元，為的就是解放人類。

而當我們仔細觀察牌中的太陽，會發現光芒內圈有著玫瑰花瓣似的形狀。其實，這整張牌就是玫瑰十字意象的擴展：日輪是玫瑰，綻放著周圍群星的能量；而十字在此變化成十二道旋轉的光束，十字架中「四」的數字意義被擴大為

太陽的「十二」。與此呼應的是，牌面中央兩位嬰孩腳下的巨蟹座，也對應到數字四。這令人聯想到《律法之書》中，將傳統基督教父權概念的罪與死亡，這些綁定在十字架四端上的舊律法，如今以無窮的創造力精神改寫。人們曾以為日薄西山之時，太陽就必須永遠熄滅，但其實他將重新從努特女神的子宮出世。

★ 畫面分析

　　「太陽」散發著喜悅、盛大的氣息，由白、金黃到橙紅，層層遞進，反覆強調光環與光線的輪廓，使我們第一眼便會看見太陽圓滿燦爛的核心。視線沿著放射線條往下走，是翠綠的山頭，接著是手舞足蹈的嬰孩。最外圈則有十二星座的圖騰環繞，它們被太陽光的射線所分隔，並且因為這個分隔的方式下寬上窄，而讓整張牌強化了廣角鏡頭般的仰望效果。

　　此牌用色豐富，橫跨整個光譜。藉著一個紅色的橢圓形邊界，繪者區別出從太陽到小孩足下草地的世界，與群星閃耀的蒼穹；紅色之內銜接到黃綠、橙色、黃色，之外則出現紫色、藍色、綠色，於是冷暖之間就有了和諧的遞進。紅圈內與外的差異，也表現在立體感的處理上。紅圈內的物件飽滿厚實、邊界清晰，圈外則是以半透明的方式處理，虛實之間維持著秩序感。

★ 象徵聯想

　　經歷「月亮」的暗夜海洋之旅後，「太陽」升起了。此牌對應希伯來字母「ר」（Resh），有「頭」、「臉」、「初始」之意。在早期的希伯來文中，此字母明顯地描繪了人類的頭像，相對於「月亮」所對應的「頭後方」。「太陽」與「月亮」有著近似於意識與潛意識的關係，《靈性之旅》[35]中，就有談到「太陽心」與「月

35《靈性之旅：追尋失落的靈魂》，莫瑞·史丹著，吳菲菲譯，心靈工坊出版，2015。

亮心」這兩種運作模式，共同組成了完整的心靈。太陽是面對面正視的，藉著清楚的光，人能夠看見、分辨事物；此光輝也是喚醒一切的能量來源，在占星學中帶有主導、積極的意味。陽光之下，有一座翠綠的山丘，顯示土地生機蓬勃。然而，值得注意的是那道環繞著山頭的牆：牆是分化的開始，如意識建構秩序、製造差異的能力。這也表明了在「太陽」所祝福的新紀元，並非沒有任何限制或控制存在。

　　抽到這張牌時，通常代表信心的展開，與個人的表現機會，畢竟 Heru-ra-ha 就是帶來自由之神。但我們應當思索，這裡的「自由」究竟為何？這張牌所顯示的陽光，並非盲目的樂觀或某種幼稚的自我，而是承受過前面十九張牌的種種考驗後，才終於破蛹而出、重新成為嬰孩。嬰孩的腳下畫著玫瑰十字的符號，象徵舊的律法也會作為新紀元立足的基礎。此時，我們真正期許的自由，便與單純反抗產生的自由之表象不同，也不再迷惘無根地漂泊。「太陽」是統整了一切後，自然成熟的意識。如克勞利說的：「自由帶來清醒（sanity）」。[36]這份清醒，或說理智的力量，也體現在牌中十二星座陳列的秩序。若我們站在太陽的角度，便會發現處於東方的是第一個星座——牡羊，一切都回到了它原本所屬的定位。

36 *The Book of Thoth: A Short Essay on the Tarot of the Egyptians, Being the Equinox Volume III No. V,* Aleister Crowley, 1974.

20

新紀元
THE AEON

革新的火炬

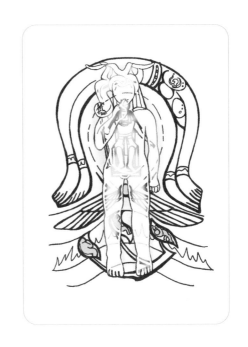

★ 塔羅筆記

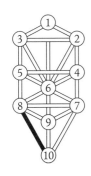

「我相信我們有選擇：我寧願要神的活奇蹟。我每天衡量我全部的生命，繼續把神的光輝火焰當成更高與更豐富的生命，而不是理性的灰燼。灰燼對我來說是自殺。我也許能熄滅火焰，但我無法否認神的經驗。我也不能讓自己與這個經驗相隔離。我也不想要，因為我要活下去。我的生命想要完整。」

——《紅書》（讀者版）

卡爾·榮格著，魯宓、劉宏信譯，心靈工坊出版，2016

「新紀元」對應的是火元素，火是神聖意志的初始光輝。榮格以火形容神驅動生命的龐大激情、那份無以言喻的力量。如果喪失它，我們的靈魂就死去；但如果完全沉浸當中，卻會消耗殆盡、陷入瘋狂。現代人傾向依賴自我的理性，遠

離神的火焰，但是榮格清楚地道出了他的選擇——「我要活下去」。他不願捨棄神而變得麻木，他清楚神性是他的一部分，他更是神性的一部分。那烈火是每個人都能與之連結的豐沛體驗，雖有溫暖與恐怖的雙重面向，但若將其簡化、棄置在理智之下，我們就無法向更完整的自己邁進。

新紀元意味著經歷母系的「伊西斯紀元」和父權的「歐西里斯紀元」後，人類進入了以上述兩位神之子荷魯斯為代表的「荷魯斯紀元」。我們已在「太陽」談過完整的荷魯斯（Heru-ra-ha）包含兩個形象，而此牌的近景強調了沉靜的年幼荷魯斯（Hoor-pa-kraat），將食指放在唇前的動作，表現了新生命蘊藏於靜默中的可能性。

★ 畫面分析

這是一個層次非常豐富的畫面，我們可以由遠至近一一檢視。最遠處是完整形態的荷魯斯，端坐在王位上。較近處有弓起身體的深藍色女神努特，在她的腳下是以帶翼太陽形象呈現的哈迪特。而最近處半透明狀態的人形，是年幼的荷魯斯。透過清晰的一點透視，所有元素共同打造了遞進的空間感，宛如一個吸引人趨近的隧道，穿越拱門，進入彼方蛋形的光圈。

此牌在對稱的構圖上，使用了許多鮮豔的色彩，包含橙、藍與紅、綠兩組對比。藉由塊面的漸層、明度的調整，和精細而明確的邊界，讓色彩保持清澈飽滿。背景的紅，就是火元素的代表色；來自消失點的光源，也使畫面深刻且燦爛。前景的年幼荷魯斯只用輪廓線和些微的霧白描繪，宛如一個精緻的透鏡，讓觀者可以穿越它看見遠景的細節。

★ 象徵聯想

克勞利將新紀元的期許，寄託在托特塔羅的每一張牌之中。而荷魯斯的名字「Heru」也連結到整套托特塔羅的守護天使「Hru」；至於荷魯斯紀元象徵的價

值觀，要從努特與哈迪特兩位神說起。在克勞利構建的神話中，女神努特是「無限空間的女王」（Queen of Infinite Space），她的伴侶哈迪特在《律法之書》中，則自稱為「每個人心中的火焰，每顆星的核心」。努特有蒼穹般的身體，象徵容納一切的宇宙，是無限大的；哈迪特是長著翅膀的火球，象徵生命最根本的動力（power of Going），是無限小的。這兩位神一陰一陽、一體兩面；從前，人類傾向崇拜兩性力量之間的其中一方，但事實是只有兩性的結合才能創造生命。到了新紀元，人類將意識到這個法則，明白合一與獨立同時並存，以及二元對立的虛假：能夠以努特的愛連結彼此，也尊重每個人從哈迪特燃起的特殊光輝。

此前的塔羅中沒有「新紀元」這張牌，只有「審判」（Judgment）。「歐西里斯紀元」是強調命運由神裁決的時代，因此「審判」描繪的是末日的宣判。「當時的世界被水淹沒就消滅了。但現在的天地還是憑著那命存留，直留到不敬虔之人受審判遭沉淪的日子，用火焚燒。」（《彼得後書》3:6-7）眾所周知的挪亞方舟故事，描述的是舊紀元如何以「水」結束；在這個紀元，帶來毀滅的則是火。然而，若從「荷魯斯紀元」的角度看待，這場毀滅的重點並非天堂與地獄二分法的審判，而是淬煉新生。神並非對人進行獎懲的裁判，乃是與每個人直接相連，並透過我們活出了祂。此牌對應希伯來字母「ש」（Shin），牌面底部也可以看到「ש」形狀的花朵，而頂端每一個「י」（Yod）裏都蜷曲著一個正在甦醒的軀體。「ש」是牙齒的意思。牙齒是人體被火焚燒後，少數能夠保存的部分——就像靈魂在烈火的試煉後，留下最純粹、最真實的意志。混亂的時局，是重大改變的前奏，恐懼與磨難將使人類發現自己心中真正重視的價值。近代以來，科學理性、工業量化和效益主義的過度發展，把人變成了功利、數字。但是我們擁有選擇的能力：如果我們選擇生命，就得承擔熾烈的衝突，直到嶄新的自己浴火重生。每一個人若願意為更完整的自己戰鬥，那便是替人類全體點亮了新紀元的火炬。

21

宇宙
THE UNIVERSE

生命的永恆舞蹈

● 塔羅筆記

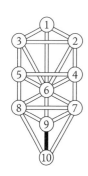

「因為起初一無所有，在終局必定也是如此，只不過是『無』的完全擴展。選擇數字四，而非二，作為這個擴展的基礎，無疑是為了方便擴張「論域」（ universe of discourse ），也有部分原因是為了強調限制的概念。」

——《托特之書》

阿萊斯特・克勞利著，1974

　「宇宙」與「愚者」呼應，兩張牌的象徵字母加起來讀作「Ath」，其意義是本質、真理（Essence）或佛教概念的「本來面目」。「愚者」牌中的圓是充滿潛力的空無，而「宇宙」的圓是它的完整擴展，但這個擴展發生在有限的物質世界當

中。克勞利在談宮廷牌時更明確地說明了這個概念：「騎士和王后就像純粹的陰與陽，若他們完美融合、互相抵消，回歸初始的空無，就是退行（Regression）的方向。但是兩人也能往現實邁進（go forward into Matter），就是在結合之後產下王子和公主。」[37] 從生命之樹來看，Kether 的原初神性分化出宇宙父親 Chokmah 以及母親 Binah——這是二，二可能抵銷彼此。但他們生下了 Tiphareth，亦即聖子、神聖的第三位，也就是 Kether 的再現；而第四位——Tiphareth 的新娘則是 Malkuth，呼應著「宇宙」所對應之希伯來文「ת」（Tav）的數值：400。

✦ 畫面分析

從右上角射入的光輝充分照亮主角全身，散發出金屬般的光澤變化。強烈的明暗對比為物件增添立體感，四個角落較暗的前景宛如窗框，強化了中心的飽滿燦爛。畫面中使用許多較為濁重的色彩，例如褐色、黑色、深藍色等等，透過它們帶給觀眾穩定、厚實的質感；同時也襯托出亮色，讓精美的細節映入眼簾。

「雙魚囊」（Vesica Pisces）是此牌構圖的原則：畫面中央由四天使圍起的領域，像是兩個圓形相交後形成的重疊處。它形似女性的陰道口，具有生產、孕育的意象，兩個圓重疊彷彿是陰陽兩種力量的交合。基督宗教的聖母—聖子像常使用這種雙魚囊的構圖，不過，他們普遍認為這個符號象徵聖父，或耶穌魚（ΙΧΘΥΣ）的外型。

✦ 象徵聯想

「地球」在以往的神祕學作品中是經常被簡略帶過的，畢竟我們身處其中。那些遙遠而神祕的星體以及它們的力量，相對地似乎更值得探討。在卡巴拉生

---

37 *The Book of Thoth: A Short Essay on the Tarot of the Egyptians, Being the Equinox Volume III No. V*, Aleister Crowley, 1974.

命之樹上，Malkuth 和整個行動之界（Assiah），也只是整棵樹末端小小的綴飾。地球的象徵長期處於黑暗之中，然而這張牌正是呈現了它的光彩。「宇宙」對應希伯來字母「ת」（Tav），代表十字，十字具備四方結構，如同現實世界有四個方位。「ת」也連結到土星，一顆常被當作災厄、業力的行星，且地球和土星同樣有著遲重、沉悶等不受歡迎的意象。但是，克勞利從化學的角度提醒我們，最重的元素反而能輻射出最高活性的粒子，強大的創造力存在於穩固的土元素當中。土星本身雖是陽剛、嚴肅、古老的父神意象，卻在卡巴拉生命之樹上作為 Binah 的象徵，表現為賦予事物形體的黑色海洋。「ת」的土星路徑連結 Yesod 與 Malkuth：月亮放射出萬物的隱密結構、潮汐與生殖能量的波動變化，它們將在地球具體顯化出來。透過土星的一系列線索，我們可以發現 Malkuth 與 Binah 的親緣，以及此牌的主題：「女兒繼承母親的王座」。[38]

這位神聖女兒就是牌中主角，全身散發金光的美麗少女，她是巴巴隆和萬有之父（Father of All）的孩子。踩在末日之後的玻璃海上，她的身體就是一座鑲滿寶石的聖殿；一尾黑金相間的巨蛇與少女共舞，陰與陽流動交織、完整了彼此。牌面下方建築物的骨架，羅列了九十二種已知的化學元素；陽光從上方的荷魯斯之眼流瀉而出，群星湧動、吸引彼此的軌跡，而四元素的天使被重新分配了星座，圍繞在角落。「宇宙」是生命之樹最後的公主、偉大事功的成就，也是我們的地球。當她終於繼位，Malkuth 在新紀元脫離不見天日的處境，它不再是黑或混雜的顏色，而是牌中央鮮活的藍綠色。當然，公主登上王座的同時，也準備成為母親；下一個週期即將展開，起點與終點創造彼此，如一支無限迴旋的舞，每一瞬都自成圓滿。「宇宙」是漫長努力的成果，但它絕非靜止，而是不停地迴旋、上升。

38 *The Book of Thoth: A Short Essay on the Tarot of the Egyptians, Being the Equinox Volume III No. V,* Aleister Crowley, 1974.

歷經上述繁複的象徵後，克勞利指出：「理解這張牌（其實是每張牌，但這張尤其如此）的最佳辦法是──長時間且持續地冥想。」理論的探索最後還是回歸於個體的獨立經驗，精神雖能漂泊翱翔，卻只能透過眼前有限的物質建構自身。專注在這個動人的畫面上、細細欣賞，或許會發現，一顆剛剛破土而出的生命之樹，於內在萌芽。

第 4 章

小祕儀

ACE

元素的種子

***

　　作為小祕儀的第一篇，在此先談談大祕儀和小祕儀的差異。我們在第二章有談到，塔羅牌是依照卡巴拉生命樹設計而成，大祕儀對應路徑，小祕儀對應輝耀。儘管如此，克勞利在《托特之書》提醒我們，小祕儀和輝耀並不相等。大祕儀就像我們每個人一樣，有自己獨立的宇宙、神靈、生命，小祕儀則是次元素（sub-Elements）；儘管小祕儀可以表現出相當的力量與智慧，但是它們終究只是神之下的「盲目之力」（Blind Forces）。[39]

　　「Aces 並非元素本身，而是元素的種子。」[40] 坊間常常把「Ace」翻譯為「王牌」或「一」，為了避免誤會，我在此保留原文不譯。「Aces」和其他小祕儀應當區分開來，因為它們更加純粹且與整個序列抽離。「Aces」位於生命之樹最上方的 Kether——那流溢出一切的原初輝耀之處，與我們眼前的現實世界相隔遙遠；這就是為何它們象徵的是可能性與起始，如潛力無限的種子。占卜時，我通常會把「Aces」詮釋為某種契機，並依其元素參考牌陣中可以延伸理解的線索。

---

39 *The Book of Thoth: A Short Essay on the Tarot of the Egyptians, Being the Equinox Volume III No. V*, Aleister Crowley, 1974.

40 同上。

另外，「Aces」和宮廷牌中的公主同樣管轄著地球的空間，沿著埃及金字塔所在的子午線往東，依照「火、水、風、土」的順序分配：「權杖公主」和「權杖 Ace」對應亞洲，「聖杯公主」和「聖杯 Ace」是太平洋，寶劍是美洲，圓盤則是歐洲和非洲。

權杖 Ace：火元素的根源

約尼（Yoni）和林伽（Lingam）是印度教中雪山女神與濕婆的象徵，分別顯示了女性和男性神聖的生殖能量，以性器的幾何造型出現，被成對崇拜。我們可以把「聖杯 Ace」和「權杖 Ace」理解為約尼和林伽，他們一陰一陽，互相補足。

「權杖 Ace」是一張色彩鮮明的牌，充滿動態感的線條顯示火元素活力十足的精神。畫面中央是陽具的抽象表現，太陽、宇宙初始的陽性能量，以光貫穿天地，往四面八方發射出火焰與春雷。這第一支權杖，此刻尚未形成明確的意志，只是一股強勁的、未知的動能。這張牌也描繪了生命之樹的輪廓，十個輝耀都以希伯來字母「י」（Yod）的形狀表現。「י」是四字神名「יהוה」的第一個字，最早降臨也貫穿始末的神聖力量。接下來介紹的牌，依序對應下面三個字母。

聖杯 Ace：水元素的根源

「聖杯 Ace」盛滿水元素滋養萬物的美好情感，畫面中流淌生命的清泉，也能任意變現為血液或酒，所以當其他牌出現此類象徵時，都可以回推到水元素的濫觴。一片黑色汪洋充滿此牌背景，那是輝耀 Binah 的色彩，強調陰性的初始能量。扇貝一般的造型，也暗示著女性的陰部。杯子上有三個圓構成的符號，代表三個紀元。而盛開的蓮花，是埃及女神伊西斯。花朵的曲線溫柔沉靜，如同月光灑落海面，傳遞隱密而純粹的愛。水與火的結合，產生了接下來的元素。

寶劍 Ace：風元素的根源

「風隨著（聖靈的）意思吹，你聽見風的響聲，卻不曉得從哪裡來，往哪裡去；凡從聖靈生的，也是如此。」(《約翰福音》3:8）風是火和水的產物，是神在地球上的聖子。因此「寶劍 Ace」雖然也屬於陽性，卻已經離開天堂，不像父親「權杖 Ace」那般集中、主動、原始，其意向會受到水與火的牽引。不過，也因此擁有間接觀察、反思衡量的能力。「寶劍 Ace」是理智的誕生，上面有二十二道光輝組成的王冠，閃耀著來自 Chokmah 的智慧。判斷力的鋒芒，能夠驅散混沌心靈的烏雲。

圓盤 Ace：土元素的根源

不同於其他種類的塔羅多把土元素的象徵定義為「錢幣」；「圓盤」(disk）擁有不只是金錢的財富，它包含了地球和自然界的榮耀、肉體和實踐的力量。如同「寶劍 Ace」是父親的再現，「圓盤 Ace」是神聖母親的再現。「聖杯 Ace」是全然陰柔的，但是它的女兒擁有具體的形態與限制。不過，土元素的限制也不是固定、僵死的，「圓盤 Ace」是一個輪子，它不停轉動，因為地球彷彿靜止其實卻自轉不息。輪中央繪有七芒星，裡面寫著666，外圍有一串文字「TO MEGA QHRION」，意思是「致偉大的野獸」(詳見大祕儀「慾望」）。西方的主流觀念曾將物質世界視為罪惡、黑暗且死寂，此牌重新呈現了它的光輝和生命力。這也是四字神名的最後一個字、偉大事工的完成——物質成為靈魂的王座。

2

啟動創造力

✦

生命之樹的第二個輝耀 Chokmah，其實對我們來說更像是第一個輝耀。因為 Kether 的神聖光輝非常隱蔽、獨立且封閉，使我們難以觸及、感受它的力量。但是到了 Chokmah，有了二的概念，元素才會顯化自身——一個點需要透過另一個點確認自己的存在。Chokmah 就像神的「意志」（Will），如同一件作品的誕生要先有靈感發想，創造的力量從此開啟。

兩個人的相遇，就像兩種化學物質的接觸；一旦結合，雙方都會因此轉化。當個體發覺他者的存在，透過對象而認識自己的定位，開始與之建立關係的同時，雙方都會因為這個關係而有所改變。我想這就是數字二、Chokmah 的主題。

權杖二：統御

權杖的火元素與 Chokmah 的陽性特質相契合，因此權杖二是意志力量的最理想形式；這份意志獨立且專注，不受客體牽制、不計結果得失，所以保有絕對的主動性。牌中交叉的金剛杵（Dorjes）是西藏的法器，它象徵雷電或金剛石：堅不可摧並具備強大破壞力。克勞利強調：「破壞可被視為創造的第一步。」就像受

131

精卵必須分裂自己才能發展成生命。一開始，創造會讓人感到恐懼、排斥、瀕臨瓦解，但是當我們明白整個計畫以及必然的過程，就會自願臣服於自己的意志。「統御」就是在意志的領導下，自發地開始創造。

「權杖二」的占星元素是牡羊座與其守護星火星，此牌的用色主要就是依照其能量。牡羊作為黃道十二宮的第一個星座，充滿了年輕生命初始的爆發力與冒險的勇氣。六道火焰匯聚於牌中央，代表在牡羊呈旺相的太陽。整體呈現明亮、強盛的特質。

聖杯二：愛

在聖杯系列中，數字二描繪著兩個個體之間的融洽交流，從分裂狀態重新體驗到合一的愛。「聖杯2」是陽剛與陰柔的和諧結合，純淨而完美的情感相容，為心靈帶來狂喜。兩個聖杯漂浮在平靜的水面上，一朵蓮花流出清澈的水源，將它們注滿。那兩隻像是鯉魚的生物其實是海豚，據說海豚對於煉金術師而言有神聖的意義。延續著 Chokmah 意志的主題，「聖杯二」是「意志下的愛」，包含了對愛的信念與承諾，並帶有稚嫩、單純的氣息。

「聖杯2」關係到金星與巨蟹座，因此背景使用了巨蟹座柔和的灰藍，以及金星清澈的淡綠色。金星是愛與美的守護星，點出此牌的浪漫氛圍。巨蟹是水象星座的第一位，是早年情感與安全感的發端。兩者共同說明了此牌愛與歸屬的內涵。雙方都釋出信任、願意真誠地表露自己的感受，愛的潤澤使人沉浸在喜悅當中。

寶劍二：和平

火與水結合而產生風，最後的結晶則是土。水火激盪的過程是衝突的，「寶劍二」已經隱約透露出這股衝突的力量，然而目前還能以 Chokmah 純粹的能量

消解。兩把寶劍交叉，穿過了牌中央的一朵藍色玫瑰——這朵花是內心的愛，從中放射出象徵平衡的幾何圖形。而寶劍與花的關係在後續的牌中會越來越清晰。「和平」雖然可能是善意的，但寶劍的本質仍然帶有殺傷力。

「寶劍二」對應月亮與天秤，這一組占星元素強調了上述的暫時和平。月相雖變化無常，卻遵循著重視情感的陰性原則；而天秤座有權衡、調節的能力。寶劍理性判斷與解構的特性，因為這兩個占星元素而顯得較為緩和。此牌背景的黃色是風元素的代表色，並漸層到天秤的綠。儘管當前局勢看似穩定，卻可能具有潛在的危險，將會隨著時間顯露鋒芒。

圓盤二：改變

一隻銜尾蛇在牌中繞起了無限的符號，牠是一體，也是兩個圓，體現了克勞利「0＝2」的公式。0是既蘊含一切事物又同時互相抵消、歸於平靜的狀態，而2則是一體兩面的對立：陰與陽、善與惡、高與低……。「0＝2」一方面說明了這些分化的虛幻，另一方面也表達了空無之中的潛能。「圓盤2」讓兩個圓盤巧妙融入太極的符號，一個是左旋的，一個是右旋的，象徵四元素不斷流轉變化。這張牌所呈現的動態，就是宇宙由精神顯化為物質過程的圖像。自然萬物消長不息、無限循環，只有「改變」才是宇宙中唯一的「不變」。

木星和摩羯座是兩個對比強烈的符號。木星象徵著擴張、積極的能量，帶有紫色調；而摩羯象徵著壓縮、控制與邊界，帶有墨綠與褐色。而兩者的差異造就了能量的流動。同時，也因為它們互相抗衡，使此牌的寓意相當中性。在高峰時留意滑落的可能，在低谷時懷抱攀升的希望，並順其自然、伺機而動，僅此而已。

3

形體的誕生

✦

Binah 是構成天界大三角的第三個輝耀，為「數字二」的主題帶來了平衡與穩定。只有兩個點的時候，彼此就是全部；而第三個點帶來了客觀的審視，可藉由它描述兩點的關係，例如：「A 點與 C 點的距離，以及 B 點與 C 點的距離分別是多少。」於是建立了「理解」（Understanding）。延續著數字一的「點」、數字二的「線」，三角形也就產生了「面」。承接著來自 Chokmah 的光輝，Binah 就像孕育生命的子宮，為流動的意志賦予形體，抽象的概念因此變得豐富、具體。然而，Chokmah 和 Binah 有一個祕密的孩子——隱藏的 Daath。

Daath 為何不在生命之樹上呢？當我們看到生命之樹的圖形時，雖然是二維的，但它其實是三維的，輝耀並非圓形而是球體。Daath 在二維的平面上是天界大三角的頂點，創造了金字塔般的三維空間，所以在真正的生命之樹上，Daath 屬於四維。這個人類難以想像的四維虛點，象徵著知識的禁果，使人類離開伊甸園的神祕契機。它也像一道連接所有輝耀的門，通過天界大三角，就是進入塵世的過程了。

權杖三：美德

「美德」呈現的是權杖之火當中的 Binah，母親已經接受了精神意志的能量，正在悉心構思、準備將它顯化為真實。此牌和諧的意象，有如萬物甦醒的春

天，和煦的光照亮了大地母親，因此牌中的權杖末端綻放著象徵伊西斯的蓮花，背景也飾以類似植物紋理的有機圖騰。

「權杖三」的占星元素是牡羊座與太陽，牡羊初生的好奇心與動能，與太陽的自我意識互相彰顯，使此牌色彩明亮飽滿。萬事萬物本身就是完美的，只需以其姿態綻放。「美德」之意並非施加某種後天的美學或道德標準，而是天性、本能的自然施展，甚至帶有未經雕琢的粗獷與單純。相較於「權杖二」的爆發力，此牌更為平衡，且加上 Binah 的影響，還帶有些許溫和的母性氣質。

聖杯三：豐盛

「豐盛」關係到波瑟芬妮的故事。牌中的聖杯是石榴的造型，它們漂浮在 Binah 平靜深邃的海面上，盛滿了來自蓮花的清泉。背景的暗藍反襯出水流的晶瑩透澈。波瑟芬妮是豐收女神狄蜜特的女兒。世界原本在狄蜜特的照料下只有美好的春天，然而波瑟芬妮被冥王黑帝斯擄走後，不小心吃下黑帝斯贈送的石榴，於是成為了冥界的人，每年都必須再次返回地底。從此，狄蜜特與女兒的聚散離合，造就了四季更迭，不再有永恆的豐饒。

此牌對應水星和巨蟹座，水星傳遞著陽性的心智能量、神的話語，而巨蟹是陰性的滋養、母親的海洋。兩者結合時，滿溢而出的是愛與喜悅的情感。另一方面，赫密士卻也是靈魂通往幽冥的嚮導。就像 Binah 同時具有月亮與土星的意象。「豐盛」雖然令人嚮往，繁花卻終究落盡。享受的同時，也要知道它的美好是以消逝的必然作為代價。

寶劍三：悲傷

在這一組較為平和的牌之間，「悲傷」似乎顯得突兀，但它仍然與 Binah 緊密相關，只是體現了母親的黑暗面，就像哀悼中的伊西斯，陷入了黑暗的陰霾。在這裡，Binah 展現出土星的力量，因此整張牌呈現混濁、沉重的色調。大地

之母能帶來豐產，也能製造災難；Binah 在此呈現為「混亂的子宮」（the womb of Chaos），寶劍的風元素造成分裂與變異，而她的孩子是一群怪物。在最深層的意義上，「悲傷」是集體的、宇宙的憂鬱，對於脫離靈性而走向凡俗感到不適。

　　魔法師的大劍切進了兩把短彎劍的交界處，摧毀了中央的玫瑰；劍象徵著理性思考，而那朵玫瑰就是人的內心。背景中，風暴在無情的夜色下醞釀。我們自母親的產道誕生，從此打破了舒適的合一狀態，邁向現實的磨難。當我們意識到人生的種種壓力和業力，便開始了土星的主題──「悲傷」固然沉重，也讓我們走向成長。

圓盤三：工作

　　此牌呈現的是一個金字塔的俯視圖，它矗立在 Binah 的海洋中，然而潮水卻固化為堅實的土地，色彩也從深沉變得斑駁。三個輪子象徵著煉金術當中的「硫」、「汞」、「鹽」，或者卡巴拉的「火」、「水」、「風」，也可以理解為印度哲學的三種古納：惰性、激性、悅性。（詳見大祕儀「命運之輪」）。無論是哪一套系統的解釋，我們都可以將它們視為促進世界運作的基本元素；它們的通力合作，打造了物質世界的基礎。

　　背景的灰綠色是摩羯座的色彩，而紅色顯示了火星的動力。火星激發出摩羯座善於籌備、執行計畫的建設性，因此展現有如工程師一般，逐步制訂規範、實現構想的才能。「工作」意味著對目標充滿熱情，能夠專注精神全力以赴的最佳狀態。

4

組織的建設

　　Chesed 是天界大三角下的第一個輝耀。經過了 Daath，代表和全然抽象的精神世界分離，也意味著之後的主題都將更加趨近於物質世界，而 Chesed 就像是接下來發展出所有輝耀的新起點。第一到第三輝耀創造了「點」、「線」、「面」，而第四輝耀 Chesed 帶來了空間。在空間當中，我們就像開天闢地一般，打破了太初混沌，感受到明確的方向。從此能夠辨識自己的存在與定位，開始建設性的活動。

　　同時，擁有了空間的基礎之後，我們可在座標系上確定任一點的位置，也得到了定義觀念的能力。《托特之書》談到 Chesed 表現了「法治」(the Rule of Law) 的概念。就像一位王者，Chesed 能夠擴張版圖、建構組織、辨識與鑑別事物，並帶著包容與連結的能量維繫和諧秩序。Chesed 的意思是「仁慈」，這層意涵將在與第五輝耀 Geburah 互相對照後更加清晰。然而，克勞利也稱呼四是「尷尬」的數字，因為它正好處於轉捩點——原本的能量走到了盡頭，完全不同的主題即將展開。

權杖四：完成

克勞利在描述此牌時提醒道：「若沒有機智與仁慈，我們便無法完成工作。」[41]「權杖三」對應牡羊與太陽，充滿了生命發展的自然動力；而「權杖4」則對應牡羊和金星，因此增添了合作和協調的能力。在系統性地規範調配下，不同的力量能好好地整合，一起趨近完整、完美。

每一支權杖的兩端都刻有羊頭和鴿子，羊頭就是牡羊，而鴿子是維納斯的象徵，因此代表金星。牡羊積極、陽剛的力量，遇到了金星陰柔的物質屬性，互相補足並形成一個圓形，顯得井然有序。但是這個圖形也帶有封閉性的特質，秩序建構的過程必然會排斥某些因子，並壓抑潛在的衝突。眼下雖然是階段性的美好成果，但紊亂的火花將從圓心再次萌發。

聖杯4：奢華

在「聖杯三」的主題當中，我們接受到一種萬物必然衰落的暗示，「聖杯四」則更加清晰地呈現了這個預兆。雖然此牌的四個杯子仍然有著平衡的構圖，還鑲嵌著華麗的金飾，但是從逐漸陰冷的天空和波浪漸起的海面可以看見，水元素已經失去了最初的純粹，不安的感受隱約瀰漫著整張牌的氣氛。

水面之下，蓮花的根系變得繁複，象徵著更加安穩的基礎，但是也造成了固著的能量。月亮在巨蟹座是入廟，但是克勞利認為這個組合也凸顯水元素的衰弱，嘗到情感的滿足之後，就不再帶有追求的動力。由於渴望安全感，也就容易喪失嘗試與改變的勇氣。「改變等於穩定」（Change=Stability），唯一的不變就是變，再次提醒我們：「聖杯3」的美好果實無法永保鮮甜。

---

41 *The Book of Thoth: A Short Essay on the Tarot of the Egyptians, Being the Equinox Volume III No. V,* Aleister Crowley, 1974.

寶劍四：休戰

經歷過「寶劍三」深沉的悲痛，「寶劍四」暫時停止了鬥爭，終於得到喘息的機會。四把寶劍指向中心，一朵薔薇重新綻放。風元素善於思考的特質，在木星的推展力量和天秤的謹慎治理下，開始制訂律法與教條。這些明確的原則讓衝突暫時緩解，讓個體離開互相衝突的混亂思緒，得以區分內在的混亂和外部現實的問題，並學習遵照社會公約行事。

當然，「寶劍四」沒有真正解決問題。這些讓我們有所依循的條約，也會限制個體的自主思考能力。儘管最初可能立意良好，但律法隨著時間流於形式，最後總是容易變得僵化和空洞。倘若安於現狀，將這份暫時的和平視為一切，就會停滯不前；若沒有勇氣面對自身的懦弱與怠惰，只在虛偽的表象上逗留，更深層的真理便遙不可及。

圓盤四：權力

疊加的四方形組成了一座堡壘，這是 Chesed 在物質世界落成的權威。觀者可能會因為此牌不見圓盤的圓形特徵而感到困惑，但牌中的四元素符號雖然像是被安置在四個角落，它們其實是圓盤的輪軸。正因為它們的靜，帶來周圍的動；雖固若磐石，仍然依循天地流轉的原則。圍繞其間的護城河，雖讓沉悶封閉的空間多了一絲生氣，卻也無法流向外部。

太陽和摩羯這組占星符號，凸顯了這張牌坐擁物質成就的主題。四元素符號周圍每側六個的城垛呼應數字六與太陽的關係。摩羯座具備警醒的觀察力和耐力，太陽則充滿表現自我的光輝，使權力能夠產生並由組織體系層層維繫。但是，不斷設置防禦、鞏固權力，最終得到的往往是空無的中心。

5

時間與動態

✦

在數字四時，出現了穩定的空間；而在數字五，時間與動態帶來種種變化，造就了運動的可能。隨著我們逐漸累積經驗，學會用「過去─現在─未來」的邏輯思考。然而自從時間開始流轉，生命就擁有了終點，事物由秩序走向混亂與瓦解。Geburah 讓事物分崩離析的同時，底層的結構也因此顯露。就像解剖的過程，對於不曾直視肉身內部的人可能相當驚悚，但醫學的知識有賴於此。Geburah 是「嚴厲」的意思，具備取捨和批判的約束力，並考驗著人們的意志。

Geburah 與 Chesed 是相對的，不同於 Chesed 仁慈的建設性能量，Geburah 有破壞、解構的特質，甚至可能給人麻木不仁的感覺。Chesed 擴張領地、築起保護牆，Geburah 卻不留情地打破。但是《托特之書》強調：「這絕對不能被視為『邪惡』的。」Geburah 帶來的擾亂是自然循環的一部分，就像身體需要新陳代謝才能運作，堆積過剩的結果就是毀滅。不過，如此看待的同時，我們也不能矯枉過正地歪曲 Geburah 的特性，強迫自己用「正向」的眼光看待之。我認為 Geburah 的深度需要用傷痛來理解，輕忽其震撼反而會模糊 Geburah 的犀利──在失去中醒悟，割捨後清楚。

權杖五：競爭

　　就像準備要爆發的火山一般，牌中充滿緊繃的壓力，彷彿隨時可能崩潰。牌中的五支權杖有階級之分，最前方的佔據主導地位，後方的權杖兩兩一組，代表次級與第三級的位置。我們曾在「權杖三」看過這種形態的權杖，意味著數字三與數字五垂直的關聯。然而這些權杖不再和諧，產生了競爭關係；若無法分出高下，就會陷入混戰。

　　此牌對應獅子座與土星，獅子座習於自我展現，充滿征服所欲的豐沛熱情。然而土星卻和現實的考驗有關，相當冷冽嚴肅。土星試圖壓抑獅子的火焰，雙方彼此衝突、互相較勁。在這激烈的戰況當中，原本的規則受到了挑戰。

聖杯五：失望

　　一片死海之上，蓮花被熾熱的風摧殘，乾涸的聖杯映照著橙紅色的天空。火爆的 Geburah 無法提供水的滋養，因此在聖杯的主題表現出負面的情緒。先前在「聖杯三」和「聖杯四」的主題中，焦慮的氣氛持續增生，直到此牌，歡愉的衰落已經無可忽視，這是一場敗壞的開始。枯竭的根在地底下組成蝴蝶的圖騰，準備在接下來的牌中升起。

　　「失望」即是本來的慾望沒有得到滿足。火星和天蠍座雖為入廟的組合，卻也彰顯了火星最底層的一面。天蠍的水元素是隱隱作痛的深沉欲求，也是煉金術過程中「腐敗」階段的象徵；而火星躁動不安的攻擊性將這些隱藏的渴望升溫，容易導致意料之外的失落、損傷。

寶劍五：擊潰

　　就樣「聖杯五」一樣，「寶劍五」的中心也有一個逆五芒星。五芒星象徵一個人的身心整體，而逆五芒星就是失衡的狀態。五把彎曲的寶劍刺向中心，在

「寶劍四」的畫面，劍的中心本來有一朵盛開的薔薇，如今已經分崩離析，片片花瓣排列成逆五芒星的線條。

　　薔薇是情感的核心，卻受到理智的攻擊；而且，在「寶劍五」中沒有任何一把劍勝過其他的劍，這些腐朽破敗的武器無法組織新的秩序。此牌的情境就像強盛的國家崩解後萌生的各種紛雜勢力、遭到扭曲的思想與信仰等等。金星原本充滿愛與美，卻在與強調思考的寶瓶座相遇時，產生情緒化、優柔寡斷、軟弱和欺瞞的特質。當理智失去鋒芒，就只能遭到擊潰了。

圓盤五：憂慮

　　我們可以發現，五個圓盤的軸心又連起了一個逆五芒星，再次顯示了失衡的主題。灰暗的圓盤背後透出橘黃色的背景，暗示消極、停滯的事物背後，有一股劇烈的動勢。圓盤是物質世界的地基，卻遭受 Geburah 的擾動，就像一場地震一樣，雖然不見得會釀成大災，卻難免令人感到緊張。

　　水星和金牛座具備相反的能量，前者傾向變動，後者傾向保守；前者代表智力，後者關乎現實。這個組合意味著將智慧用於身體勞力，在思慮的過程中容易憂心忡忡，害怕物質的損失。但如果能夠持之以恆地克服障礙，將憂心化為決心，也能因此導向成功。

6

心靈的中樞

★

★ 塔羅筆記

「心靈所達到的地方，遠遠超出意識的界線，相較而言，意識簡直是汪洋中的一座孤島，這座島又小又窄，而海洋廣闊又深邃，所以，如果這是一個空間的問題，那眾神究竟是在內還是在外，根本就不重要了。可是，倘若這個世界去靈化的歷史進程——也就是對投射的撤除——在今日依然持續著，那麼一切神聖抑或魔鬼的性質，終將回歸於靈魂、回歸「未知之人」（unknown man）的內在。」

——《榮格論心理學與宗教》

卡爾·榮格著，韓翔中譯，商周出版，2020

　　從數字一到五的過程，神聖合一的狀態分裂出各種對立、構成形體、獲得感知時間與空間的能力。於是，數字六的主題就是將上述元素整合為一個能夠擁有獨立經驗的主體。第六輝耀 Tiphareth 是生命之樹的中樞，克勞利在《托特之書》中如此形容：「這個輝耀在某些方面上是最重要的。它是整個系統的中心，它是唯一一個在『深淵』下並與 Kether 直接溝通的輝耀。它直接得到 Chokmah 和 Binah，以及 Chesed 和 Geburah 的餵養。因此它非常適合統治下方的輝耀，它在水平與垂直的方向都達到平衡。」

由於生命之樹的輝耀需要透過左右參照來理解，這一雙雙相對的組合將能量注入 Tiphareth，並於此達成和解。觸及 Tiphareth 時，我們會發現原本的衝突都是構成完整經驗的一部分，任何規則與定義都無法簡化生命的飽滿，因此 Tiphareth 使人能夠調和矛盾、進行創造、確立自己在宇宙中的位置。它就像 Kether 之聖子（Son），也是太陽（Sun），更是帶領我們贖回神性的守護天使。

Tiphareth 是「美」的意思，作為一種獨特的人類經驗，「美」能超越是非善惡。不過，與 Tiphareth 交會也有危險性，那就是自我膨脹、失去準則；認為已經全然理解了自己和宇宙，放棄進步的可能，甚至要求他人的崇拜。對於追求心靈成長的人而言，Tiphareth 是一個收穫成就感的階段，正因如此更需要保持對未知的尊敬。否則，自以為達到了巔峰，孰不知腳下的土地只是汪洋中的一小片島嶼，這趟旅程才剛剛開始。

權杖六：勝利

「『權杖五』打破了『權杖四』原本的局勢，於是火元素的熱情重新得到解放。雖然名為「勝利」，但比起征服敵人，它的寓意其實是將不同力量結合在一起，而這場婚姻的產物就是聖子。「權杖六」就像飽經挫折磨練出的強壯，又同時帶有孩子般自然敞開、享受生命喜悅的心，它自給自足、充滿信心，散發著 Tiphareth 的燦爛陽光。

此牌對應木星和獅子，木星擴張而樂觀的特質，強化了獅子的王者風範；而紫色背景和金黃權杖，也呼應了它們的色彩。此牌的構圖和「權杖三」有幾分相似，但是任意發散的火焰變成了九盞明燈，在六支權杖交錯處恆定地燃燒著。九是 Yesod 的數字，意味著月亮反映太陽的光，讓陽性的能量被陰性的容器反映、接受，故而更加和諧完整。

聖杯六：享樂

「聖杯五」的根部帶有破蛹而出的預兆，到了「聖杯六」，蓮花的莖以優美舞姿交織成蝴蝶翅膀的形狀。蓮花再次綻放，活水流入聖杯，但是尚未將它們盛滿，如同最大的享受發生在匱乏與饜足之間微妙的平衡點。這張卡片所談的「享樂」意味著福祉（Well-being）、自然力量的調和，以及沒有壓力、不需刻意為之就能產生的滿足感。

陽光照耀於水面，是孕育萬物的起源；死去的事物，亦是豐饒的溫床。太陽和天蠍的組合，有如光與熱為幽暗的事物慢慢加溫，表面上看似寂靜，新生命卻從中崛起。此牌就像走過低谷之後，發展出更加複雜深邃的情感能力，能將意識之光引入黑暗當中。

寶劍六：科學

生活在現代的我們或許會以為靈性和科學是相斥的領域，然而科學與神祕學其實原本密不可分，例如煉金術啟發了最早的化學。克勞利對魔法（Magick）的定義為「一種讓改變跟隨意志產生的科學與藝術。」「寶劍六」就體現了這個道理。在 Tiphareth 的影響下，原本互相衝突的劍和花朵，從玫瑰十字的結構展開，共同指明真理的核心。

數字六象徵個體意識的誕生，區隔自身與環境之後，就能產生客觀的判斷，因此數字六也有智力的意義。而水星和寶瓶座都屬於風元素，具備良好的思考能力，能切割出多重視角進行縝密分析。完整的智性不會排除人性（humanity），「寶劍六」追求的絕非工具理性，而是道德與心智功能的平衡。

圓盤六：成功

此牌的中央再次出現了玫瑰十字，我們可以簡單將之理解為大宇宙和小宇宙的合一。從中散發出柔和的金黃、粉紅等色彩，這些都是 Tiphareth 的代表色，它們照耀在圓盤上，顯示「Tiphareth 在地球的完全實現」。另外，背景的三個圓圈和「圓盤 Ace」的構圖相符，令人聯想到此牌從根基出發，一步步邁向成功的過程。

月亮在金牛是入旺的，月亮滋養的特質可以穩定發揮，並且在金牛所守護的物質世界結出美好果實。另一方面，也說明月亮的安全感需求被金牛的實際付出填滿。此牌還有六個占星元素環繞，顯示在被光環照耀的圓盤上，帶有與人合作、扶持彼此並滿足共同利益的意象。

7

愛與幻象

離開數字六之後，我們已經非常接近生命之樹最終的果實 Malkuth。《托特之書》中如此解釋第七輝耀 Netzach 的位置：「這個位置是雙重失衡的──離開了中柱，而且在生命之樹相當低的地方。這等同於冒著相當高的風險墜落至幻象深處，且更嚴重的是──以瘋狂的掙扎墜落至此。Netzach 屬於金星，屬於地球，而對金星而言最大的災難就是失去她的天堂本源（Heavenly origin）。」Netzach 對應金星，而金星是唯一能連結起生命之樹眾輝耀的符號。她的力量原本是非常廣大的，若斷絕與更高層次的聯繫，非但無法帶來美好與舒適，還會捲入混亂的情緒當中。

如此看來，Netzach 的能量似乎相當消極，然而它的名字卻是「勝利」。儘管從生命之樹的整體來看，Netzach 是在一個失衡的位置；可從我們所在的 Malkuth 來看，它具有相當重要的意義。作為通往 Tiphareth 的過程，Netzach 消弭了個體邊界的愛，讓我們合而為一，發現自己屬於更大的整體。「勝利」是力量的展現，但「勝利」並不是打敗對手，而是攻克表象並意識到神性。我認為，被藝術作品感動的瞬間、與重要他人連結感情的片刻，或是徜徉自然與萬化冥合的剎那，都能理解為 Netzach 的「勝利」。這些體驗確實也有其危險性，

如果無法在合一與獨立的兩種狀態中自由轉換，就會陷入幻象當中。最簡單的例子，就是許多聲稱為了他人而行的自私之事，或以愛為名發起的戰爭。有多少人因此喪失自我，陷入瘋狂，甚至為此犧牲了性命。

如果與第八輝耀 Hod 對照，可以更清楚 Netzach 的特質。若 Hod 能粗略類比為思考（thinking），Netzach 則是情感（feeling）。榮格的《心理類型》說明了這兩種功能的差異，每個人通常會善用其中一種，然不代表另一種不存在，只是埋沒於無意識當中。儘管二者常在人的內心或外部世界互相衝突，多數人也很難兼備這兩種天份；但唯有同時認識雙方的重要，我們才能在生命之樹上爬升。

權杖七：勇氣

在一片漆黑當中，權杖奮力燃起光芒。原本「權杖六」的和諧統治局面已經黯然失色並退後到背景，曾經井然有序的燈火變成往四面八方胡亂發射的烈焰。前方只剩一支巨大粗糙的木棍，正在與逆境抵抗。木棍是最原始的武器，拿著它上戰場的人，便顯得愚勇魯莽。他熱情高昂，但處於失勢的境地。

此牌對應火星和獅子，頗有英雄主義的意味。獅子的榮耀和光輝從鼎盛逐漸走下坡，火星衝動的性格又有著孤注一擲的傾向。這個組合沒有十足的把握可以應對眼前的威脅，卻仍敢於面對、不惜高昂的代價。認清現實之後，再卯足全力衝刺，仍有機會贏得勝利。

聖杯七：沉淪

七個聖杯上開滿百合科的花朵，它們具有毒素，沿著綠色汁液流進聖杯，使海洋受到汙染，變成自我毀滅的泥淖。金星在天蠍是一個陷落的位置，天蠍的猜忌、嫉恨、深層的祕密與匱乏感容易陷入黑暗。金星在煉金術中對應銅，銅具有「外盛內衰」（external splendour and internal corruption）的特質。此牌可指涉

光鮮亮麗的表象底下，內心已經潰敗混沌。若重新引導，此牌能展現豐富的想像和感受力。

　　克勞利認為「聖杯七」是「聖杯六」的另一面，並稱之為「有益的提醒」。神聖的狂喜可能輕易地變成褻瀆和淫邪之事。就像酒精、美食、情感、性甚至靈性的高峰經驗等等，這些事物都使人感到愉悅；倘若過度執著、盲目迷戀，則會導致身心沉淪。

寶劍七：徒勞

　　由於 Netzach 的感性特質對寶劍牌組有調節的作用，「寶劍七」不像其他七號牌那麼強烈。當思考方向變得寬容柔和，寶劍的判斷力也因此被弱化。此牌與「寶劍四」一樣，有著延緩戰鬥、妥協的傾向。這種策略有可能減少傷害，然而敵人若麻木不仁，示弱恐怕會被進一步剝削。牌中有六把劍柄為占星符號的小劍，它們環繞著一把大劍，就像弱者們無力打倒強者，這些散亂的思緒是徒勞無功的。

　　月亮代表無意識的擾動，而寶瓶是理智思考，兩者互相牽扯，搖擺不定。精力耗費在內心的拉鋸戰，想要抽絲剝繭，卻越理越亂。此時需要安定自己的心，事實往往沒有想像中的那麼嚴重。排除過於發散的目標，才能專注在真正的問題上。

圓盤七：失敗

　　七個金幣上畫有金牛和土星的符號，它們鑲嵌在農耕意象的背景之上。蜷曲的枯葉毫無生機，「圓盤6」的陽光不復存在，徒留灰暗的色彩。此牌名為「失敗」，雖然牽涉到承諾破滅、利益的喪失等主題，但是它最核心的意義是

「極端的消極」。與其他牌相比，此牌沒有熱情、沒有奮鬥的動力，甚至連夢想本身都已經褪色。這一片死寂的田園，是農夫放棄耕種的結果。

　　土星帶有緊縮、令人動彈不得的沉重感，這種氣氛籠罩著整張牌。金牛座則重視物質世界的收穫，希望維護既有的成果。現實的行動要回歸到內在的信念來釐清，如果已經感覺不到行動的意義，只是被外部壓力箝制，那麼必然走向失敗。

8

理智與謊言

Hod 具備和 Netzach 相對的特質，Hod 的意思是「榮耀」，對應水星 ── 主宰理智的光輝。Hod 的出現是為了調和 Netzach 帶來的失衡，但就像所有的補救措施，也有矯枉過正的風險。當人類開始掌控自己的本能衝動，能將「我」與環境進行分離，不再沉睡於情緒的迷霧中，便能走出原始蠻荒之地，開始創造文明。語言和文字的產生也使知識得以被保存、流傳，隨著時代累積並且進步。另一方面，語言的交流必然包含誤解，善於操弄詞彙者更能欺瞞他人。代表水星的赫密士，既是諸神的信使和靈魂的嚮導，也是狡獪的偷盜之神；他穿梭在真實與虛妄之間，因為它們本來就是同一扇門的兩面。

謀取利益的詐騙、煽動情緒的誇詞、為掩飾錯誤脫口而出的藉口……。在諸多不實的言語當中，對於探索心靈之人，最危險的或許是那些對自己所說的謊言。這種謊言並非相對於「真理」，而是相對於自己真誠的心意。一套既定的自圓其說經常讓我們屏蔽了其他可能性，往偏離真心的軌道越走越深。

Hod 雖彌補了 Netzach 的缺陷，近代以來，我們卻發現崇尚理性不一定代表安全與正義。若生命和意義被數字取代，人類可以犯下極為可怕的錯誤。我想，《現代性與大屠殺》一書對於納粹的剖析就是不可忽視的範例，工具理性和官僚

151

主義組成的複雜網絡，竟成了高效的殺人機器。儘管我們常將新鮮的科技稱為「智慧」，但是擁有理性的技術和擁有「智慧」，終究是不能一概而論的事情。

權杖八：迅捷

權杖化為雷射線，火焰變成了光芒，從正八面體的中心發射而出，在上方透出一道彩虹。無形的波動產生了有形的事物，正八面體對應著風元素，也就是智性建構的抽象世界。「權杖八」顯示出高速的純粹能量，這股能量底下有著轉瞬即逝的風險。與人互動的場合中，敏銳靈活、思想跳躍的特質，也可能被視為輕浮和草率。

水星與射手座在傳統的占星觀念中是個不佳的組合，因為射手粗線條的特質會讓水星難以縝密思考；但是此牌沒有刻意強調其弱勢，反而著重於描繪射手與水星共通的精神性。射手富有理想高遠的火焰，而水星是神性意志的信使，因此「迅捷」意味著溝通傳輸、思想交流等主題，也往往伴隨著靈感的激發。

聖杯八：怠惰

兩朵花乾枯低垂，最後的一點水流進八個邊緣破損、容量甚淺的聖杯。晨曦在遠方劃破天空，光明卻仍然顯得遙不可及。克勞利如此形容：「就像是一個準備好一切的派對，但是主人忘了要邀請客人來。……然而，這可能是主人自己的問題，他對派對的計畫可能略為超出自己的能力，又或許他的心已經迷失了。」

靜如止水的雙魚加上遲緩的土星，使整張牌呈現動彈不得的狀況；雙魚的夢幻想像也容易被土星的現實枷鎖箝制，使人難以自由施展抱負。但是外部的壓力仍屬其次，「聖杯八」的癥結點在於熱情已然熄滅，才選擇停滯於此。若能叩問自己的真心，或許會有意想不到的解答。

寶劍八：干涉

　　兩把貫穿牌面的寶劍下方，有著六樣造型各異的武器，由上而下分別是馬來短劍、廓爾喀刀、薩克斯劍、匕首、開山刀以及土耳其彎刀。每一把的功能、文化脈絡都不盡相同，理所當然難以被統合。這些武器象徵著人的繁雜思慮，彼此抵觸、越理越亂。

　　木星和雙子座並沒有沉重艱困的特性，乍看之下似乎與此牌的意象不符。但其實「寶劍八」的難關是投注過多精神在瑣碎的事物中，因為太想要同時滿足每個面向的需求，原本簡單的事情也會被自己想像得很複雜。實際上，拉開距離觀察，才能掌握重點；保持信心和決斷力，就能改變現況。

圓盤八：謹慎

　　當我們越來越接近第十輝耀 Malkuth，全新的輪迴也已準備從物質層次迸發。於是，最後三張圓盤牌為這個故事帶來了轉折。「圓盤七」荒廢的農地，在此被重新規劃，經過一番辛勤耕種，已經吐露生機。若能把縝密的思慮應用在實踐之中，終將得到豐盛收穫。

　　處女是大祕儀「隱士」的占星元素，同時對應著四字神名的開端「’」（Yod），詳情可參考大祕儀「隱士」。在陽光的照耀下，土地受孕並誕下新生。如果對未來有所顧慮，務必評估風險、保護好最重要的事物。專注於目標，循序漸進地往前邁進，仔細耕耘、耐心等待。

9

改變即是穩定

★ 塔羅筆記

第九輝耀 Yesod 的意思是「基礎」，統合生命之樹上的各個面向，將這些光輝整理、集中、晶體化（crystallization），準備導向現實世界。意識背後的無意識領域，平常隱密幽微、縹緲難測，但是當中富含真實經驗的雛形。作為精神世界與物質世界之間的中介，舉凡日常生活中心理感受和生理現象的連結效應、夢中以象徵手法展現的多重可能、被神祕直覺引導而產生的行為……等，這些都屬於 Yesod 管轄的範疇。Yesod 的占星元素是月亮，月亮的陰晴圓缺影響著潮汐，其週期性變化與地球的生命息息相關。

克勞利在詮釋數字九的篇章中，不斷強調「改變即是穩定」的法則。「改變」或「易」指向宇宙的自然規律，萬物每分每秒都在變動，一旦停止，就是生命的結束。克勞利還舉了一個親切的例子解釋此法則的重要性：就像我們在學習騎腳踏車時，會發現要是騎得太慢反而容易跌倒——速度是維持平衡的關鍵。

經過第七和第八輝耀的失衡階段，Yesod 讓我們重新來到中柱上，並從 Tiphareth 汲取心靈中樞的力量。Yesod 的形象具有雙重的特徵：有時是男，有時是女；有時強壯剛硬，有時纖弱柔軟，因為它本身就是矛盾的結合體。我認為，剛開始覺察內在時，最關鍵的一步，就是承認自己所帶有的諸多矛盾。為了與人溝通、保持自我認同，我們習慣略過這些左右拉扯的力量，或早已被撕裂成碎片，卻毫無知覺。Yesod 給予我們的功課，是允許矛盾的存在，並在新的高度上

集結其能量。如此一來，原本依附的觀念或事物將受到衝擊，甚至因此消失，無助的感受和恐懼隨之升起。但我們也將透過這種體驗發現自己的強大：足夠強大以允許改變、允許自己超越自己。

權杖九：力量

權杖在此化為羽箭，背景有八支小箭相互交錯，而前方的大箭代表生命之樹上的路徑「ס」（Samekh），它的上方畫著太陽，下方則是月亮。它們對應 Tiphareth 和 Yesod，太陽的光輝往月亮流射，照亮建設世界的根基。更深入的象徵意義，可參見大祕儀「煉化」。

回到中柱上的火能量，統合了原本陷入混亂的部分。艱難的考驗，燃起了黑暗中的潛能。太陽與月亮、意識與無意識的連結，使人感受到由內而外的力量。最終要跨出的檻，其實是自己設下的限制。既然箭在弦上，付出全力專注投入、堅定信心，必有所成。

聖杯九：快樂

枯竭與腐敗的情感已經消除，加上月亮與水的聯繫，使清泉注滿了九個聖杯，蓮花重新綻放，宛如美夢成真。此牌對應木星與雙魚，木星是 Chesed 的占星元素，而 Chesed 為水元素最初的神性源頭；加上平靜柔和的雙魚，讓「聖杯九」展現聖杯系列最幸福、和諧的狀態。

克勞利也提醒道：「最充分的滿足不過只是進一步腐敗（putrefaction）的基質，不存在絕對的休止。」所謂的「腐敗」是煉金術當中沉寂的階段，經過沉積、發酵，腐朽之物也能成為孕育生命的溫床。情感的渴望總是在無盡流動當中不停追求，珍惜此刻得來不易的歡樂，同時接受沒有不散的筵席。

寶劍九：殘酷

雖然數字九具備達到平衡的能力，但它的方式其實是將前面的發展集大成。寶劍系列從原本純粹的智性，變得殘忍苛刻。意識之光墜入無明。「寶劍九」當中，紅色是火星本能與暴力的象徵，如鏽跡斑斑的寶劍上滴落鮮血。而黃色的水滴連結到雙子座，則暗示欺瞞與心計的毒液。

若理智思考成為爭鬥的武器，便會傷人害己，就算當下的快感使人麻木，痛苦與空虛卻滲透心靈。當前處境是長期累積的錯誤所致，關於此牌的應對方式，應記得暴力只會換來更多的暴力，停止對抗、舒緩傷痛；有時候失去某些執著，反而是讓自己自由。

圓盤九：獲益

第九輝耀已經非常接近最終的現實世界，能量逐漸具現化。在圓盤的層次上不需患得患失，因為它是所有物質結合的果實，一切皆已成就。而「圓盤九」的富庶是「好運氣和妥善安排」的加成，在辛勤農耕之後，收穫了豐盛財寶，生產的基礎也越來越穩固。

金星和處女都有重視物質的特性，金星代表好運降臨，也許是意外之財、突發事件、偶然進入充滿愛且樂於分享的人際關係；這些機會透過處女的細心與耐力，能夠被妥善把握、進一步發揮，共創更大的繁榮。

10

生命樹的果實

✴

✦ 塔羅筆記

「魔法師上升到天堂，因此他／她才能夠帶著禮物重返地球。」

——《生命之樹卡巴拉：西方神祕學的魔法根本》
約翰・麥克・格里爾（John Michael Greer）著，蕭漢婷譯，橡實文化出版，2017

　　從第一輝耀 Kether 到第十輝耀 Malkuth，純粹的生命之火沉降到物質世界當中，抽象的能量凝聚為真實。Malkuth 是創造事功的成就，四字神名「יהוה」最後誕生的年輕公主，她沉睡於凡俗，就像遺忘了靈性本質的我們，正等著被喚醒。某些修行傳統會認為屬於物質的一切是虛幻的，必須看破這個假象。不過在卡巴拉的觀點中，雖追求 Malkuth 以上的精神層次，卻始終將目標放在眼前的世界。魔法師嚮往天堂，卻是為了把禮物帶回地球，因為這裡既是起點也是終點。從宇宙創造的角度來看，Malkuth 是生命之樹枝椏末端的果實；對尋求成長的我們而言，Malkuth 卻是準備破土而出的種子。

　　企及天堂之前，必須認識大地。活在資訊爆炸、資本主義盛行的時代，我們很容易成為失根飄渺的靈魂。被混亂的概念填滿，感到自己在龐大複雜的世界當中毫無分量——只能任由那些真正有影響力的個體或組織決定自己的生命。漸

漸地，我們對個人擁有的認知能力都帶有懷疑，甚至直接放棄，陷入麻木的虛無狀態——似乎就這麼脫離了物質與身體的桎梏，不再會犯錯了。然而，人類感官的缺陷雖是壁障，但在這種侷限當中體驗生命、盡己所能理解自己與世界、發掘並創造意義，卻是鍛鍊而提升的唯一途徑。

權杖十：壓迫

十把權杖背後，無盡燃燒的野火帶來災禍。火元素原本是使物質受孕的神聖火種，現在它的任務已然完成，卻繼續延燒，不知適可而止。「純粹的、無關目的的意志，脫離了對結果的慾望，就是各方面皆完美的。」[42]但「權杖十」呈現的，正是「對結果的慾望」。就像一個學生如果太在乎考試的成績，就沒辦法體驗學習本身的快樂。

此牌對應射手和土星，二者皆有著極為矛盾的力量。射手座的特質重視精神理想，土星卻代表現實世界的限制，兩者之間無法協調的能量，導致備受壓力的局面。追根究柢而言，這些壓力很可能是過度執著、擔心成敗的心念所致。

聖杯十：滿足

十個聖杯排列成生命之樹的形狀，清泉源源不絕，已經超過聖杯的容量，滿溢而出。擁有了一切所欲事物後，長時間下來，卻難免有些無聊乏味。此時，就要開始為之負起責任、付出相應的代價，持續成長；永遠停滯在滿足感中，只會留下空虛。「聖杯十」是一張豐沛歡愉的牌，不過，每張十號牌其實都帶有一些警世意味。此牌正是在提醒我們，心的渴望無法永遠被物質的滿足填補。

火星和雙魚同樣也是一組反差的組合。雙魚有著平靜的靈性本質，是黃道十

---

42 *The Book of the Law*, Aleister Crowley, Weiser Books, 1987.

奧秘其中：托特塔羅學習筆記

二宮的終點。火星卻是本能和爆發力的象徵，也意味著不安的擾動將再次升起。當前的享受固然難能可貴，但若能嘗試接受新的刺激，未知將帶來更多驚喜。

寶劍十：毀滅

克勞利在《托特之書》提供了以下反思：「如果一個人繼續戰鬥足夠長的時間，一切都會以毀滅告終。」十把寶劍自十個輝耀的方向而來，刺向位於第六輝耀 Tiphareth 的心。由於思緒過度運轉，遺忘了最初的信念，如今只是為了戰鬥而戰鬥。「寶劍十」也象徵著脫離現實的理性，站在假想中的高處進行評斷，或許乍看機智敏捷、針鋒相對，最終卻傷痕累累、一無所獲。

Tiphareth 的占星元素即是太陽，而此牌對應太陽和雙子。太陽是心靈的中樞，雙子則象徵理性思考。心靈被破碎的邏輯摧毀，混亂不堪。不過，這張牌也不是毫無希望。透過深刻的毀滅，內部系統性的問題有機會攤在陽光下檢視——廢墟之上，生命會重新萌發。

圓盤十：財富

如同前面幾張牌，「圓盤十」也呈現了生命之樹的形態，每個圓盤中央皆畫有各種代表水星的符號。水星是陽性創造力的象徵，邏各斯（Logos）的力量；而圓盤是陰性的孕育能量，如大地的子宮。水星與圓盤的結合，顯示所有物質當中都包含神聖的火花。此牌之於其他小祕儀，就像「宇宙」之於其他大祕儀，既是整個系列的總結，也是下一個循環的開端。

所謂的「財富」，不只有錢財。水星和處女的組合，前者為抽象概念，後者是仔細執行的能力；想像中的計畫，終於化為真實，成就感也隨之而來。耐心的付出與經驗的累積，使我們能夠摘下豐碩的果實。在這個瞬間，未來的種子也已經離開枝頭。

第 5 章

宮廷牌

補充資料：托特塔羅與《易經》

　　傳統排序上，將宮廷牌置於大祕儀與小祕儀之間，作為兩者的橋梁。本書之所以把宮廷牌移到最後一部分，是因為想在本章中額外介紹《易經》。宮廷牌在整套托特塔羅中，是與《易經》意涵最為相關的。然而，托特塔羅與《易經》的對應關係，一直是個眾說紛紜的主題。由於克勞利在使用《易經》概念時有些反覆、難解之處，在此謹依據《托特之書》的部分內容，試著詮釋一些觀念。藉由東方哲學的視角再次欣賞西方神祕學，或許有機會發掘一些有趣的線索。當然，建立中西系統的聯繫是一項艱難的工作，至今也尚未完成。個人傾向將這些資訊視為擴充視野的輔助，即便在邏輯上無法縝密完備，仍有些具啟發性的巧思值得瞭解。也建議讀者可以保持彈性，尊重系統的獨立價值。這終究是一種類比，而非要聲稱它們兩者等同。

　　以下兩張圖皆源於《托特之書》的設計，後有研究者重新繪製成較清晰的檔案。右圖為原本的生命之樹，左圖為克勞利詮釋的《易經》對應，該圖名為 THE CHINESE COSMOS，本人在對照文本後有做些許修正。卡巴拉描繪了宇宙的結構與誕生過程，《易經》亦是如此。

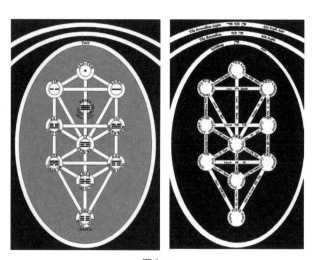

圖八：
右圖為生命之樹，左圖加入了克勞利對《易經》的對應詮釋，
引自 *The Book of Thoth*

奧秘其中：托特塔羅學習筆記

卡巴拉與《易經》

首先，最外圈的部分是卡巴拉的「三層空無」，以及《易經》的「道」。三層空無是第一輝耀誕生的起點，排除了人類能理解的一切存在。而「道」是什麼呢？「道」是宇宙的法則，只可意會，不可言傳。「無極生太極，太極生兩儀，兩儀生四象」。起初無中生有，這個原初的一又生陰陽兩極對立。至於四象，則是「太陽、少陽、少陰、太陰」。我們回頭看看卡巴拉，克勞利談的「0=2」巧妙地與之呼應了。虛無的 0 當中，本身就藏有 2。陽與陰兩股相反的能量若是彼此抵銷，就會回歸無物；若是一同創造，就能誕生萬物。卡巴拉的創造公式「יהוה」這四字神名，即為王后與騎士產下王子與公主的故事。

那麼「四象生八卦」呢？八卦為「乾、兌、離、震、巽、坎、艮、坤」。在卦當中，以「爻」來表示陰陽，「—」是陽爻，「--」是陰爻。生命之樹的第一輝耀 Kether，寫著「道德」。《道德經》提到：「道生之，德畜之，物形之，勢成之」，道進行創造，德蘊含滋養。而「物形之，勢成之」不禁讓人聯想到卡巴拉左右兩側的軸線，左側是陰性的、賦予事物形體的「嚴厲之柱」，右邊是陽性的、驅動能量的「仁慈之柱」。而克勞利將這兩條軸線的發端：第二輝耀 Chokmah、第三輝耀 Binah，配對陽爻、陰爻似乎相當合適。每一卦有三爻，由上而下象徵著「天、人、地」。輝耀中的卦彼此互相對應，具備一陽爻兩陰爻者，對面會是一陰爻兩陽爻，以此類推。

八卦象徵自然界的現象以及德性，如同輝耀有各自的管轄領域。隱藏輝耀 Daath 對應「乾」。「乾」特質剛強，象徵天空。克勞利在輝耀的下半圈註記了「頭部」、「林伽」、「天堂」三個關鍵字。Daath 的位置藏有人自伊甸園墮落的主題，從此人無法回到天國。對於攀爬生命之樹的修行者而言，Daath 則是進入「天界大三角」的神祕關卡。

Chesed 對應「兌」，有「說」的意味，亦有「取悅」的功能，象徵水澤。關鍵詞是「口部」、「水」。《創世紀》：「神說：『要有光。』」言語與創造力、組織能

力密切相關。此輝耀為恰可比擬為一位積極建設、受到人們愛戴的明君。

Geburah 對應「震」，能造成震動，象徵雷電。關鍵詞是「足部」、「火」。和 Chesed 相對，Geburah 充滿瓦解事物的力量，宛如望之生畏的暴君。但是其火爆的動能也有促進事物更新、變化，透過毀滅再現生機的意義。

Tiphareth 對應「離」，也就是「麗」，象徵帶來光亮的太陽。關鍵詞是「眼睛」、「靈魂」。Tiphareth 的占星符號就是太陽，它是 Kether 神性在生命之樹上的首次再現、有奉獻精神的聖子耶穌——是神卻也是人。「離」被凸顯的那一爻，剛好是「人」的位置。作為整棵樹的中樞，Tiphareth 統合了眾輝耀的能量，達到和諧與美。

Netzach 對應「艮」，「艮」象徵靜止的、擋住事物的山脈。關鍵詞是「手部」、「土地」。Hod 對應「巽」，「巽」象徵吹散、分化事物的風。關鍵詞是「腿部」、「風」。Netzach 掌管肉體感官能力，Hod 統治理性思考能力。我們可以猜測，這兩者的對應關係出現了刻意對換的狀況。而這種交錯的效果，本身就體現在 Netzach 與 Hod 這兩個輝耀之中。Netzach 雖在陽性的「仁慈之柱」上，卻是陰柔的，且代表人的本能與情感。Hod 雖在陰性的「嚴厲之柱」上，卻是陽剛的，代表人的理性思緒。

Yesod 對應「坎」，象徵滋潤萬物的水，同時也有凶險的寓意。關鍵詞是「耳朵」、「月亮」。Yesod 的占星符號就是月亮，蘊藏著表象底下複雜的能量。月的陰晴圓缺牽動潮汐變化，也代表人心深處湧動的潛意識。以上所有輝耀的光，在 Yesod 集中、匯聚，準備輸送到 Malkuth。

Malkuth 對應「坤」，其性格是順服、支持的，象徵大地。關鍵詞是「腹部」、「約尼」（Yoni）、「地球」。「約尼」和 Daath 的「林伽」都是印度教的象徵，前者是陰性，後者是陽性，符合兩卦的性質。另外，Daath 可謂最難以捉摸的隱藏輝耀；而 Malkuth 則是我們腳下的堅實土壤，以及這個地球上肉眼可見的一切。

Attribution to Quarters.	Planetray Attribution	Hindu Attribution	Yetziratic Attribution	Figure	Name.	Part of body.	*Key Scale*
S.	☉	Lingam	ᛁ	☰	Khien.	Head.	2 [and 30]
S.E.	♀	Apas.	מ	☱	Tui.	Mouth.	14 [and 23]
E.	♃	Mano (Prana)	ר	☲	Li.	Eyes.	6 [21 and 30]
N.E.	♂	Tejas.	ש	☳	*Kă*n.	Feet.	27 and 31
S.W.	☿	Vayu.	א	☴	Sun.	Thighs.	11 [and 12]
W.	♄	Akasa.	נ	☵	Khân.	Ears.	10 [12 and 32]
N.W.	▽	Prithivi.	ה	☶	Kă n	Hands.	32 bis.
N.	☽	Yoni.	ה	☷	Khwă n.	Belly.	3 and 13

圖九：克勞利將宮廷牌對應《易經》的詮釋，引自 *777 and Other Qabalistic Writings of Aleister Crowley*

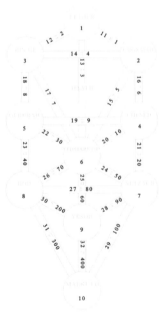

圖十：卡巴拉的編碼與數值。由於從第一輝耀開始計算，故有三十二道。路徑上有兩個數字，希伯來字母左側是編碼，右側是字母的數值

165

(1)八卦與占星元素

八卦源於自然界的景物，可以引申為人的性格特質，占星元素也是力量屬性的象徵。圖九第二欄是克勞利配與八卦的占星符號，第四欄是希伯來文字母及其元素，最後一欄是生命之樹的輝耀與路徑（可參考圖十的編碼），皆有所呼應。

乾（天）☰：太陽／靈元素「י」（Yod）

太陽與靈性、神明的關聯在許多宗教中都可以發現。只要仰望天空，就會看見這顆燃燒的恆星，被它的光輝與創造力所籠罩。「י」（Yod）是四字神名的第一個字，最初點燃生命的陽性能量。

兌（澤）☱：金星／水元素「מ」（Mem）

水澤能夠為大地帶來豐沃的資產，水也是文明的母親。金星守護富庶美好的物質，而「מ」（Mem）回應著生命樹上完成天界大三角的母親 Binah，與她的偉大海洋（Great Sea of Binah）。

離（火）☲：木星／太陽「ר」（Resh）

來自太陽的燦爛火焰，也象徵著意識的啟明。「ר」（Resh）是迎面朝向未來的姿態，放眼開闊亮麗的世界。而木星更凸顯向外擴張，不受拘束、自信充沛的態度，和關注集體意識的宗教精神。

震（雷）☳：火星／火元素「ש」（Shin）

雷電意味著變動的發生，搖撼大地、造成破壞，卻也帶來生命的可能性。「ש」（Shin）是一場火的試煉，許多事物會在過程中被淘汰，對既有的觀念隨之崩解，只有堅固的信念得以持續留存。

巽（風）☴：水星／風元素「א」（Aleph）

風吹散、解析事物，並且在邊界間自由穿梭，象徵自我意識，以及思考、溝通的能力。「א」（Aleph）是希伯來字母的第一個，因此帶有走進嶄新世界，純粹開放、探索未知的寓意。

坎（水）☵：土星／月亮「נ」（Nun）

水滋潤、蘊含生機，月亮帶動潮汐，「נ」（Nun）則是魚。水與土星的關聯，可再次追溯到 Binah 的母性意象。人離開子宮便走向死亡，Binah 對應的星體即是帶來時間流逝，象徵有限性的土星。

艮（山）☶：土元素／土元素「ת」（Tav）

山能阻隔事物，物質與肉體感官扮演著追求領悟的第一層屏障，使人容易被表象困縛。然而一切發展的基礎，也就在此處。「ת」（Tav）是希伯來字母的最後一個，同時是下一個循環的種子。

坤（地）☷：月亮／地球「ה」（Hey）

大地的陰性能量，透過月亮與地球的聯繫展現，如同母與女。此處再次指出水、土的共同脈絡。「ה」（Hey）是四字神名的第二與第四字，皆表陰性特質，像月球反映陽光，受孕而生產萬物。

(2)宮廷牌的內涵

在第二章「托特塔羅與卡巴拉」中，我們已經解釋過宮廷牌的內涵，這是一個藉由婚姻—家庭來談宇宙循環的寓言故事。天界的騎士與王后生下了王子與公主，但是公主墜落到了人間，等待王子拯救。當王子與公主相遇的瞬間，他們又成了一對新的騎士與王后。這一組四人的家庭關係，發生在四元素的世界裡，便產生了十六名宮廷角色。這些角色本身各自帶有元素：騎士如火積極創造，王后如水滋潤新生，王子如風思慮敏捷，公主如土收穫成果。他們又隸屬於權杖、聖杯、寶劍、圓盤四元素，因此權杖騎士是火中之火，聖杯公主是水中之土，寶劍王后是風中之水……以此類推。

雖然宮廷牌在實際占卜中常被認為是難解的，它們卻指涉具體的時間與空間範疇，亦可解讀為某種性格特質在事件的作用。《托特之書》中有時也會以自然景物比擬宮廷角色，例如圓盤騎士是土中之火，就像山陵與板塊運動。而且，每個宮廷角色都依據元素設定配與一個卦象。借助卦象，我們能延伸聯想宮廷牌出現在某個牌陣中的意義，發現一些弦外之音。無論如何，托特塔羅的設計從來不追求完全的對稱與工整，反而透過錯落混雜的安排，製造豐富的可能性。這些不確定，使它更貼近真實的生命。

(3) 宮廷牌對應卦象

綜合(1)八卦與占星元素與(2)宮廷牌的內涵，我們可以推導出以下對應規則：

【元素對應】

權杖—火：震（雷）☳

聖杯—水：兌（澤）☱

寶劍—風：巽（風）☴

圓盤—土：艮（山）☶

【角色對應】

騎士—火：震（雷）☳

王后—水：兌（澤）☱

王子—風：巽（風）☴

公主—土：艮（山）☶

例如，聖杯騎士是水中之火，因此在水的基礎上有著火的職權，於是對應上震（雷）☳ 下兌（澤）☱ 的歸妹卦。

權杖騎士：51. 震 ䷲   權杖王子：42. 益 ䷩

聖杯騎士：54. 歸妹 ䷵   聖杯王子：61. 中孚 ䷼

寶劍騎士：32. 恒 ䷟   寶劍王子：57. 巽 ䷸

圓盤騎士：62. 小過 ䷽   圓盤王子：53. 漸 ䷴

權杖王后：17. 隨 ䷐   權杖公主：27. 頤 ䷚

聖杯王后：58. 兌 ䷹   聖杯公主：41. 損 ䷨

寶劍王后：28. 大過 ䷋   寶劍公主：18. 蠱 ䷑

圓盤王后：31. 咸 ䷞   圓盤公主：52. 艮 ䷳

現在，我們已經明白宮廷牌與六十四卦的對應關係。接下來分別介紹每位宮廷角色時，我將附上友人紀意撰寫的「易經聯想」。這些內容是他基於自身對《易經》的理解，以及觀察托特塔羅時產生的主觀感悟寫成，提供給讀者作為參考。

1

騎士：驅動神聖意志

✦

　　四字神名的首字「ׯ」（Yod），是筆畫最為簡單的字母，可以視為其他字母的雛形。「ׯ」象徵純粹的陽性創造力，「隱士」的精子、「月亮」的血液，都可以歸於它。騎士是一位積極的追求者，為彰顯強大的熱情與力量，所以呈現為騎在馬背上的英姿，並代表各元素中最陽剛、最富有動態的形象：「權杖騎士」有如雷電，「聖杯騎士」如大雨和急流，「寶劍騎士」如疾風，「圓盤騎士」如山陵與板塊運動。騎士對應「原型之界」（Atziluth），創造時靈光乍現、起心動念的瞬間，開啟了整個故事。在我們靈魂深處，也始終有著這股神聖的意志，引導生命前進。

權杖騎士

元素：火中之火
黃道：天蠍座20度～射手座20度（11/13～12/12）

　　騎士手持火炬，身穿鎧甲，騎在飛躍的黑馬上，畫面構圖極具張力。這張牌是火元素最熾熱的部分，具有衝動、激進的人物特質，他可能慷慨大方、活力四射、言出必行，且有主見。在旁人眼裡，卻也常常過於自信而孤注一擲。他不擅長擬定備案計畫，心血來潮便容易忽略環境因素，做出冒險、有破壞性的行

為，且一但失敗，就會突然失去方向。由於「結果」並非他的考量，就算這一跳會讓他墜入深淵，也毫無託辭，憑藉信念勇敢直行。

易經聯想

身披火焰的斗篷在馬背上做出進攻的姿勢，權杖騎士激進的氣質把「震」卦陽剛的特性發揮到極致。由內而外的雙重雷電為行動帶來了助益，能迅速且強力地做出改變；這份力量的反面會導致在行動前忽略規劃，因視野狹隘而陷入自負。在心境上，最初會感到震驚及恐懼，震所帶來的是變動，但《易經》卻表示震動越強則吉。因為突然地變化能使人反思自己以往的立場，進而讓長久以來被忽略的事物浮出表面。對權杖騎士而言，則是看見自己的衝動與危險性，可以對自我進行觀察及調整，將方位校準以後，行動便無後顧之憂。

聖杯騎士

元素：水中之火

黃道：寶瓶座20度～雙魚座20度（2/9～3/10）

帶著一雙玻璃階梯般的翅膀，騎士騎著白馬，追逐聖杯。聖杯上的螃蟹強調了水元素的剛硬特質，而下方的孔雀則代表燦爛奪目的表現力。他風度翩翩、瀟灑溫和，擁有一顆誠摯的赤子之心。不過，他的熱情是被動激發的，如果出現有吸引力的事物，他會馬上投入，卻不一定能長時間保持專注，有止於表面的傾向。

易經聯想

騎著白馬追逐聖杯的騎士形象，與「歸妹」的卦象有異曲同工之妙：陽剛而具有征服性的雷電活躍在平靜的水面上，表現出水的熱情，迅速影響周圍。雷與澤的結合中，暗示著水與火的圖像，陽性的水隱藏在雷之中，而陰性的火則在澤

中潛伏，兩者活動的自然傾向相反，因此並無相互交融。雖然對外有著足以打破常規的強力能量，但內部缺乏平衡，導致影響力僅止於表面，亦無法長久維持理念。在行動前的等待與思慮，能引領這股力量往更合適的方向邁進。

寶劍騎士

元素：風中之火
黃道：金牛座20度～雙子座20度（5/11～6/10）

飛快地穿梭於天際，手握寶劍與匕首，戴著一頂有螺旋翼的頭盔。他是個才思敏捷、聰明靈活的人。在他的腦海裡，隨時都有千百個想法在轉。表述理念時，寶劍騎士強烈的批判性，容易成為爭議的焦點，而他也無懼於迎接各式各樣的挑戰。問題在於，過多發散的目標若難以抉擇，可能使他陷入混亂風暴中，難以抽身。

易經聯想

寶劍騎士的行動如雷霆般迅速、乘風而行的姿態對應著「恆」所展示的情境，組成恆的雷與風象徵著從陽剛與陰柔兩種角度詮釋的行動，整體來看如同暴風圍繞著中心的一縷微風。「恆」的主旨是堅持，看似狂暴的行為是建立在堅定的意志上，因此能夠穩定地前進。堅持的道路並不容易，剛開始不能冒進，且必須站在正確的方向上，當有了穩定的基礎後便不應該隨意更動，一旦動搖，根基就會隨之崩毀，使其成為無法控制的巨大風暴。

圓盤騎士

元素：土中之火

黃道：獅子座20度～處女座20度（8/12 ～ 9/11）

　　不同於前面三位蓄勢待發的騎士，圓盤騎士手拿著盾牌與連枷（農具），在田野間仰望夕陽；他的馬也沒有誇張的姿態，而是四腳踏實著地。圓盤騎士是大地的動能、生命的生產者，性格穩重、有耐心，甚至帶些遲鈍。他沒有高遠的目標，熱情與夢想皆已隨著時間默默消退沉澱，此時只著眼於現實，透過辛勤工作帶來豐饒。

易經聯想

　　圓盤騎士腳踏實地的姿態與「小過」的意涵貼近。雷與山的對比形成了象形符號，如同一隻展翅的鳥，陰爻的部分形成了上下一對翅膀，藉此描述在小過的情境下，細節的重要性。如同騎士手持的盾牌，此時是防禦、退守的時機，不著眼大局，而是以實際的勞動作為基礎，而那缺乏的主動性，也許必須根基於穩重的環境中以向外探索。

2

王后：滋養生命成長

四字神名的第二個字是「ה」(Hey)，《托特之書》說明：「這個字母傳統上是獻給大母神 (the Great Mother) 的。」作為創造事功的第二個階段，它比上一個階段更趨近具體、真實的狀態。「ה」就像母親的子宮，是容納創造力的神聖空間，承接了「י」(Yod) 的光芒，受孕並轉化這股原初能量。「ה」對應宮廷牌當中的王后，具備成熟陰性堅韌的耐力，能默默地醞釀改變發生。騎士帶來純粹抽象的靈感，王后接納了它，並且進一步設計再賦予形象。

王后象徵水元素，充滿了滋養生命的愛，是各元素中最有彈性和包容力的。每一位王后都被描繪成坐在王位的沉穩姿態，因為她們擁有被任命行使的職權；和在馬背上馳騁、四處尋找目標的騎士們不同。雙方互補的特質彼此吸引，於是結合誕下新的元素。

權杖王后

元素：火中之水

黃道：雙魚座20度～牡羊座20度（3/11～4/10）

　　王后的冠冕上有著帶翼太陽，那是新紀元的符號。她一手持著象徵酒神的權杖，另一手撫摸身旁的豹子；火光襯托王后金紅色的長髮——烈焰環繞的寶座上，她陶醉於自己的力量和生命的狂喜。權杖王后有著旺盛的精力，適應環境的速度很快，待人大方慷慨，能夠善用自己的魅力與他人建立連結。但是，她也有虛榮或權威的傾向，聽到不順服自己的聲音，就容易受到刺激。若欠缺妥善的情緒管理，會難以容忍與自身立場相左的立場，無法做出周全的判斷。

易經聯想

　　火焰與光輝中，權杖王后靜靜坐著，在充滿熱情的氛圍中透露出一絲冷靜。如同「隨」卦澤上於雷的情境。澤同時具有愉悅與墮落的雙面性。因此，會被雷震動而引導出的面向，將取決於時機，這正代表著「隨」時而動的反思。另一方面，對外則會顯得變幻莫測。卦的第二、三爻可用「小子」、「丈夫」為例，說明行動方向對結果造成的影響。澤與雷的融合中浮現出風與山，循序漸進而適時停止是行動的指南。

聖杯王后

元素：水中之水

黃道：寶瓶座20度～雙魚座20度（6/11～7/11）

清澈的湖水邊，王后隔著層層紗幕，照見自己的倒影。她拿著貝殼狀的聖杯，和一朵象徵伊西斯女神的蓮花。背後的寶座是汪洋大海，曲折波光，連綴夢幻迷離的意象。柔美純潔的聖杯王后，敏於同理、耐心傾聽。豐富的心靈直覺，使她表面上平靜無波，內在世界卻波濤萬丈。她似乎抽離塵世之外，給人虛無飄渺的疏離感，有耽溺幻想、迷失自我的風險。

易經聯想

掀起漣漪的水面映照著她神祕的姿態，聖杯王后對應著《易經》中的「兌」，上澤下澤的重兌情景展現了濃厚的水屬性——平靜與深沉。「兌」代表了溝通的重要性，在簾幕後的神祕如同深入內在模糊的領域，包含強大的吸引力及恐懼，藉由交流可以使內外達成和諧。湖面反射出的姿態比真實更難以捉摸，從這股混亂中升起的陰柔與溫和，以細水長流的方式存在。白鷺的謹慎特質可以作為緩和兩者的媒介，使雙方以理解代替衝突，讓她映照出萬物本身的平靜。

寶劍王后

元素： 風中之水
黃道： 處女座20度～天秤座20度（9/12～10/12）

雲朵堆疊的寶座上，王后袒露上身，右手握著寶劍，左手提著一顆老人的頭顱，王冠後有一個嬰兒的臉龐升起。她是一位犀利的觀察者，思慮清晰、公正客觀。即便面臨危機，也能權衡事情輕重，不偏不倚地做出判斷。寶劍王后深知進步總是伴隨著必要的犧牲。與此同時，她可能是激進的個人主義者，或因為過度強調理性，做出某些旁人眼裡殘酷無情之舉。

寶劍王后的形象對應「大過」，澤水淹沒了樹木，顛覆了以往的規則。《易經》以屋子比喻，當陽氣過剩時，如同搖動的梁柱，由內而外侵蝕著整體；「過度」是大過的主旨，澤水的力量過於強大，導致原本在水上的船隻損毀，而必須逐漸從崩壞中回復生機。謹慎、有遠見的特質與強烈的動力結合，可以重塑穩健的基礎，捨生取義，卻不會有太多衍生問題，因為對信念的堅持能夠保有重振的機會。

圓盤王后

元素： 土中之水

黃道： 射手座20度～摩羯座20度（12/13～1/9）

一條涓涓細流為沙漠帶來生機，王后凝視著水文，與自然融為一體。翠綠茂盛的植物，構築成她的寶座；裝飾著多面體的手杖，和形似地球儀的圓盤，說明了她打造物質世界的職責。她和山羊一般堅強、務實且富有生產力。一路走來，圓盤王后飽嚐艱辛，卻不曾退卻、持續為人們付出。不過，要是習慣了不假思索地工作，她容易誤入歧途、遭到濫用。

易經聯想

王后在植物的寶座上俯瞰滋潤土地的河流，呼應「咸」的結構，山與澤的組合給予萬物生機、創造繁榮。從「咸」的架構可以發現，動與靜的能量十分平衡，可以在相當穩定的環境下行動，逐步達成目標。咸卦代表著內部的感覺，爻辭中以人的身體作為舉例，從容易躁動的下肢開始向上，敘述每個部位的感受，以強調務實、不躁進的重要性，避免破壞已經達到穩定的現狀。在描述的過程中穿插了一個提醒：必須以決心來領導行動。「咸」在語意上也代表無心之感，而當中缺少的「心」，在這裡或許可以找到答案。

3

王子：開啟心智力量

　　四字神名的第三個字是「ו」（Vav），這個字母有「釘子」的意思，與救世主的犧牲相關。王子是騎士和王后的孩子，象徵風元素：即理性、智力和自我意識。王子都被描繪成坐在戰車上的形象，看上去既有騎士的動勢，也包含王后的耐力。在生命之樹上，王子位於第六輝耀 Tiphareth，作為上下兩個世界、諸多輝耀間的橋梁，它被視為偉大父親的再現——一位聖子、救世主，或說神聖守護天使（Holy Guardian Angel）。他的任務則是去拯救沉睡在物質世界的陰性面向——公主。

　　但是，王子在完成任務的瞬間就要走向死亡，他只是創造過程的過渡階段；通過他的犧牲，贖回最終的成果。因此，王子也被克勞利稱為「垂死之神」（Dying God）。根據泰勒瑪的觀念，「垂死之神」是屬於歐西里斯紀元的律法。在父權統治的時代，人們相信必須通過犧牲才能換得救贖，尤其體現在統治歐洲等地的基督宗教中。克勞利認為，那個紀元已經過去，在我們所處的新紀元，人們將以更完整的視角看待生命（可參考大祕儀「新紀元」）

權杖王子

元素：火中之風

黃道：巨蟹座20度～獅子座20度（7/12～8/11）

　　一片火海之上，王子的戰車飛馳。他戴著光芒形狀的王冠，頂端有長著翅膀的獅子。胸前的鎧甲畫著偉大野獸（The Great Beast）的標誌，這是克勞利的個人象徵，也顯示他對此牌的認同。王子左手拿著象徵權力的鳳凰權杖，右手則控制著獅子的韁繩。權杖王子是敏捷且充滿力量的，他可能表現得衝動狂妄、容易被外部因素影響，略顯偏激的言行，使他在旁人眼中危險又難以預測。但他其實需要漫長的思考時間來做出決定，因為總是看見事物的雙重面向，被複雜的要素吸引，所以容易猶豫不決。

易經聯想

　　王子駕著戰車奔馳在烈焰中，如同「益」風行雷上的情境：動而漸進，以雷的活力作為行動泉源，不停向外擴張。同時具有木屬性的巽代表著舟楫，陰性作為主體使它有向下沉澱的特性，與下方陽性的震卦相交。「益」呈現出在高位者損己利眾的態度，透過做出貢獻來增益自身的德行。而對外界的過度控制會適得其反，如同第六爻，也就是「益」的頂端，不願貢獻小我以成就大局，因此招來攻擊。第二爻則以祭祀舉例，緩解危機的方法在於聽取建議、平衡雙方。在風雷交錯中隱藏著大地與山巒，暗示著柔和與知止可以協助調節過強的衝動。

聖杯王子

元素：水中之風

黃道：天秤座20度～天蠍座20度（10/13～11/12）

　　王子在朦朧水霧中翱翔，他的老鷹拉著戰車，雙翼也輕盈如雲。他神祕莫測、智慧深湛，具備藝術家般的才華，習慣用平靜的外在掩藏熱情。旁人無法輕易猜透他的心思，自然會保持距離。他的右手拿著一朵蓮花，有著水元素的神聖意象。左手托著聖杯，裡面有一條蛇：如隱密的情感、未顯的慾望。戰車下方大雨傾盆，湖面激盪圈圈漣漪。儘管未來的道路尚不明朗，聖杯王子有著強大的實力，能堅持自己的目標。不過，若無法信任他人，他可能會工於心計，不願展現真正的企圖。

易經聯想

　　聖杯王子的形象與《易經》中「中孚」上巽下兌的情境呼應，航行在水上的船隻被風帶動而前行。巽有著木與風的性質，具備顯著的流動性，而澤水象徵著正向、積極的情感，平靜的湖面下同時也潛伏著破壞性的能量。在巽與兌的組合中我們可以看見火的圖像，火焰外部的攻擊性如同戰甲與兵器，內部卻十分柔和，從深層處浮現的情感成為行動的指標，以智慧及力量向外影響。隱密的價值觀難以被他人所理解，對它的過度堅持則會導致與外在的對立，因此真誠且適當的退讓可以與內外達成和諧。

寶劍王子

元素：風中之風

黃道：魔羯座20度～寶瓶座20度（1/10～2/8）

　　幾何形狀是風元素的象徵，代表抽象的思考能力。王子揚起寶劍，同時握著錯綜複雜的韁繩。他的戰車前方是三個小孩，他們任性地拉扯、跑跳，這使戰車承受著許多不同方向的力，幾乎是動彈不得。寶劍王子是一個頭腦非常聰明、想像力極為豐富的人，擁有開放的觀念與精密的邏輯。但是，他很難滿足於某個想法並將之付諸實踐；總是不停升起新的念頭，又輕易地將其斬斷。他需要掌握自己運轉不停的思緒，才能把它們組織為可執行的計畫。

易經聯想

　　許多線條分割著牌面，在秩序中帶有一絲無序。不受拘束且無所不入正是「巽」的特質，雙重的風突顯了靈活與創造性，可以在念頭與行動間迅速地切換，讓新奇的思想不停湧出。反面來說，過度的自由則導致停滯不前，在眾多選擇中游移，無法果斷地抉擇。巽卦為陰性主導，因此缺乏主動、堅定的想法。在前進過程中需要適當地規劃來輔佐稍縱即逝的念頭，如同重巽之中帶出的離與兌，直視目標而行，把分散的力量重新匯聚，進而不斷完善自我。

圓盤王子

元素：土中之風

黃道：牡羊座20度～金牛座20度（4/11 ～ 5/10）

　　帶著冥思的神情，王子持著一支有圓球和十字的手杖，象徵「偉大事功的成就」（the Great Work accomplished），另一隻手上是一個繪有農耕規劃圖的地球儀。他從植物的生長中，收穫了靈魂的豐盛。圓盤王子沉穩可靠、深思熟慮，行事堅定不移、力求慢工出細活，願意承擔辛苦的職責。由於缺乏情感，圓盤王子在人際關係中顯得較為遲鈍，卻不代表他沒有辦法理解對方。圓盤王子就像物質世界一樣，沒有明確的善惡觀念，會視不同人的作為採取相應的態度。另外，雖然他平常不易動怒，一旦被惹惱將一發不可收拾。

易經聯想

　　圓盤王子掌握植物的生長，手中的球體似乎暗示著地球，在土地中成長正如同「漸」之中風與山的組合，巽除了入以外還有著進與退的涵義，在地上不斷調整自己的位置進而達到「漸行」的本質。然而不只是前進，漸卦舉的例子同時也包含了回歸的思想，重點在於緩慢而穩定地變化，這種行動可以達到非常強大的適應性，預留了轉換的空間，如此就不會在其中某個環節進退維谷。而這優勢的反面也代表著在想法上的侷限性，被漸進的規則束縛住便無法做出過於翻轉、革命性的創新思考。

4

公主：收穫實質成果

　　四字神名的最後一個字是「ה」（Hey）。宮廷牌的公主，在生命之樹上對應著第十輝耀 Malkuth。Malkuth 象徵日常生活的物質世界，它是生命之樹眾輝耀最後結出的果實，偉大事功的完成，精神所座落的大地王國。在這裡，心想事成已經變得不可能，唯有透過身體力行才能收穫成果。如此特殊的地位，也使公主的職責不同於其他宮廷牌。騎士、王后、王子都管轄黃道（時間），只有公主管轄地理位置（空間）。沉睡於現實的公主，就是每一個在庸碌夢中度日的人。公主遺忘了超越肉體的感官能力，以及最初她所來自的純粹神性。直到被王子拯救的那一刻，才終於返回天界，並且登基為新的王后。與此同時，她又和騎士結合，誕生下一個世代的王子和公主。這個主題必須透過大牌「宇宙」達到更完整的理解。

　　我們的故事在「公主」邁向終點，然而亦是起點。克勞利在《托特之書》中闡釋了整個四字神名故事的意義：「異教的系統是一個圓，自我生成、自我滋養、自我更新。它是一個輪子，輪的邊緣上是『父親』─『母親』─『兒子』─『女兒』；他們圍繞著靜止的『零』之軸線，他們在意志中合一，幻化成為彼此。這之中既沒有開始也沒有結局，沒有誰比誰更高或更低。『無＝多＝二＝一＝全＝無』這個等式隱含在每一個系統中的存在之內。」其實，我們既是等待救援的公主，

也是犧牲自我的王子；既是孕育萬物的王后，也是開啟光明的騎士。生命在不同的層次上分裂又整合，本質上卻始終相同。這齣由四字神名象徵的宇宙大戲，便如此循環不息。

權杖公主

元素：火中之土
地區：亞洲

權杖公主可比擬為火焰的燃料，帶來難以抗拒的化學反應。赤裸的公主舉起太陽權杖，與一隻野獸共舞。背景的火花形狀模仿著「,」（Yod）的筆畫，象徵春天的烈焰，帶來翻騰的生命力。權杖公主個性鮮明，光彩奪目，有著強盛的野心與熱情，像是渴望吸收接近她的一切事物。她通常隨心所欲而行，有著輕鬆自在的外在形象。但如果沒有培養出自制力，她也可能無度索求，負面情緒一但來襲，就會展現出霸道、殘酷的一面。

易經聯想

在燃燒的烈焰中手持權杖舞蹈，「頤」如同權杖公主，在山與雷的交會中呈現出火焰的形象；卦中的四個陰性元素代表了在中心處使烈焰燃燒的實質力量，由內而外帶來雷霆般的震動。「頤」代表著口，強勢的火舌吞噬一切，永遠無法獲得滿足，進而帶來毀滅性的結果。頤卦提出以山的特質作為平衡之道，謹慎與節制。用以靜制動的方式來補償過於衝動的慾望，回歸更為樸實、自然的狀態，也從不顧一切地吞食周圍轉變為能夠肩負責任。

聖杯公主

元素：水中之土
地區：太平洋

聖杯公主就像是水的晶體，提供情感結合與支持的結構。她身穿一襲飄逸裙裝，邊緣綴飾著結晶；胸前懷抱一個藏著陸龜的聖杯，頭上頂著張開雙翼的天鵝。天鵝在印度教中被視為有神聖的靈性能力，而陸龜是撐起宇宙的動物，貼合聖杯公主的特質。至於跳起的海豚，象徵著創造的力量。聖杯公主非常善良甜美、親切可人，彷彿活在充滿浪漫情懷的個人世界。她總是安靜且自在地進行工作，但是她表現出來的輕鬆，容易被外界當成懶惰與自私的態度。

易經聯想

公主抱著聖杯從水中升起，在波濤的水面舞動身軀，畫面洋溢著歡快、明亮的氛圍。這樣的景象使人聯想到《易經》中的損卦，山在澤上的情境，象徵喜悅的澤水滋潤山麓，在交互作用之中創造出生機。萬物的生長必須平衡，發展過於快速的生物需要適當地減緩，而從具備豐沛創造力的水中浮現出擁有陰柔氣質的元素可以與之互補，如同土壤一般，溶解過於強勢的特性，在溫順的外表下蘊藏著塑造、支撐的力量。聖杯中的陸龜則使人聯想到損卦中提到的「十朋之龜」，具有決斷性的寶物使創造的過程中不再只是減損自我，而是從小我的付出中孕育出超越個人的創造力。

寶劍公主

元素：風中之土
地區：美洲

　　寶劍公主近似於風中飛起的塵沙，她讓抽象的思想擁有實質基礎。頭上戴著一個蛇髮女妖的王冠，她站在荒蕪的祭壇前，將劍往下方刺。雲朵和天堂本是她的歸屬，如今卻被陰鬱的天色蒙蔽了視線，烏雲翻騰彷彿諸神憤怒的情緒；家鄉已經無法回返，她只能獨立、成為自己。面對如此局勢，寶劍公主仍是堅定且有進取之心的，她有著管理事務的才智，善於解決糾紛。但這種精明的特質如果走向極端，她會是為復仇不惜代價的危險之人。

易經聯想

　　公主手持寶劍站在祭壇旁以堅定的姿態面對，試圖改變混亂的現況，與蠱卦的情境相似。「蠱」展示了當發現事情陷入衰敗時，所採取的補救措施；如同風行山下，擾亂自然的成長，必須在尚未完全崩壞之前導回正軌。《易經》中以孩子從父母手上繼承衰弱家業的形象作為舉例，在腐敗中找到道路，最後達到不必為他人負責也能夠獨善其身。艮與巽的結合中出現的是震與兌的交錯，精準且強大的力量能夠翻轉局面，取得圓滿的結果，但相對顯示了當中的危險也是過於迅速地整治，若能事先加以調查，便能夠以穩定步伐改善困境。

圓盤公主

元素：土中之土
地區：歐洲和非洲

　　作為最後一張宮廷牌，準備揭開數字牌的序幕，圓盤公主具有特殊的地位——她象徵著轉變發生的關鍵時刻。她是一位強健而美麗的女子，她身處神聖的樹林，擔任大地女神狄蜜特的祭司，體現一切母性的象徵。圓盤公主懷有身孕，體內滋養著未來的祕密，而她溫和的神情像是透過冥想悟見了神聖奇蹟。圓盤中心畫有太極，陰陽兩股螺旋力量達成平衡，展開共同創造，進而在圓周綻放出伊西斯的玫瑰。手中的權杖指向大地，末端變成了水晶，那就是第一輝耀，Kether 的寶石。

易經聯想

　　圓盤公主的形象對應著「艮」。重艮為「震」的極端，當激烈的變動走到極致，翻轉隨之而來。雙重的山脈有著停止與平衡的含意，《易經》的平衡之道在於流動與變換，如同公主手上的圓盤，圓的圖像可以達到動態的平衡，使能量在消長之間循環。艮卦由下而上，以人的身體作為舉例，說明了止道的效果，例如用「趾」來強調事情在一開始就需要謹慎對待。作為止的符號，「艮」自身也不是例外，當走到極端時仍然必須有所節制，如此便又成為了「震」的開端，有趣的是，「艮」同時也象徵著道路，使行動與停止在前行的旅途中達到流動的均衡。

第 6 章

占卜故事分享

以下三個故事分別取材自三位客人在占卜中的分享和體驗，為保障當事人的權益，相關細節與事件都經過刪減和修改；本書紀錄的內容，也經過當事人的同意才進行發表。我盡力如實呈現的部分，是占卜過程為雙方帶來的感受和省思，以及我在過程中採取的途徑。希望本章能夠表現使用塔羅的其中一種可能，我也認為每一位占卜者都可以找到適合自身的工作方式；而面對形形色色的靈魂，每一場占卜都有無法複製的獨特性。

1. 紅鞋與帝王

　　電話另一端的 J 小姐，吐出一個個傷痛的字句，如鮮血滴落心扉。透過情緒飽滿、充滿視覺意象的詞彙，她刻畫著鮮明的場景。男子匆匆離去的背影、迴避的眼神，和強大表象背後的脆弱謊言。J 小姐的淚水，在得不到回應的追問中乾涸。她曾愛慕一位具備權勢，宣揚著平等與愛的前輩。然而，他卻把她的信任片片撕碎，只為填充膨脹的慾念。J 小姐在孤獨中沉澱許久，仍懷抱一點點得到補償的希望。她和我進行這次占卜，想了解整段關係的發展。

　　討論過後，我們決定抽一個聚焦在雙方立場的牌陣。圖中各張牌的意義如下：左——抽牌者的立場，右——對方的立場，中——目前關係，上——未來發展、下——建議與總結。

J小姐抽到了大量的圓盤牌，說明這段關係主要是現實的議題，有著沉重的分量，情感成分則已淡逝。代表J小姐立場的「煉化」，指出這是她發生深刻轉變的時刻。大祕儀的出現，意味著占卜主題對抽牌者具有重大意義，上方的「命運之輪」也再次強調了這點。

「煉化」是一張促進整合工作的牌，度過了「死神」最悲痛無力的時刻，燃起面對內在矛盾的動能。牌中同時出現陽性的特質與陰性的特質，彼此吸引又帶有張力，如鍋爐裡激烈的化學反應。J小姐對這張牌很有感受，她認為自己確實符合牌中的狀態。她提到自己曾經是一個強調是非黑白，不喜歡模稜兩可的人。那時，她很清楚什麼是善惡、好壞，如今，一切穩定的價值觀都被搖撼了。她在純白處碰到了髒汙，也在晦暗處瞥見光芒。J小姐將繼續探索心靈，而堅定的意志能幫助她承受衝擊。

代表對方立場的「圓盤三：工作」，有火星強調陽剛的本性，以及摩羯奠定物質基礎的傾向。可以解讀為對方用較為務實、功利的角度看待這段關係。有可能把當前狀況視為需要投入精神設法解決的問題，也反映出他塑造現實的能力與權力。J小姐回憶起這位男子每每遇到她時，要不是閃躲，就是認定她之所以找上他，只是為了金錢。然而J小姐真正想要的，卻是真誠的歉意，以及打從心底的讚賞。那些她一直希望從他身上獲得，男子卻無法給與的東西。

代表彼此關係的牌則是「圓盤二：改變」，陰陽的消長，是自然的循環。銜尾蛇的身軀兼容黑白兩色，盤繞太極的圓盤。盛極必衰，否極泰來，沒有人可以永遠站在巔峰，也沒有人永遠只能受困於低谷。或許支配的一方與被支配的一方，彼此之間的地位正在扭轉。J小姐也逐漸發現，無論愛恨如何糾纏，她其實比藏在面具底下的男子強大許多。

至於未來的發展，「命運之輪」出現了。此牌同樣有著能量變化的意象，卻更加鮮明、強烈，閃電驟降似地快速。這是一股勢不可擋的命運流動，許多事情可以隨著輪轉被顛覆。此牌鼓勵當事人繼續向前，把握機會積極擴張自己的版

圖，但要小心貿然的舉動仍有風險。我告訴 J 小姐可以信任自己做出的決定，用開放的心態迎接嶄新未來。她則表示經過思索，有一些新的計畫已經默默展開。

最後一張牌，是總結整個牌陣給 J 小姐的建議：「圓盤六：成功」。月亮與金牛座的組合，使整體充滿滋養；仔細地籌備，能讓內心感到踏實安定。此牌也象徵內在世界的中樞、平衡不同的極端，或將過往的混亂重新整理。實踐理想而得到成就感，於是散發自信光輝。即便創傷如此沉痛，J 小姐已經正在恢復與外界互動的功能，以及學習成長的能力。可以推測，她關注的目標將不會一直黏著在那名男子上，而是回歸自身。尊重自己、照料自己，辨識對方的真實樣貌，接受限制的存在。

經過這次占卜，J 小姐重新釐清了事件脈絡及影響。她主動談論了許多聯想，也對整個牌陣視覺上的對稱與意義的連結有充分覺察。後來我們又有了幾次占卜，關乎工作、感情等等。我理解到 J 小姐是一個聰敏靈活、具創造力，且有所執著的人。她的人生一直往前邁進，但某種不可忽視、一再浮現的劇本，藉著她的主管或戀人頻繁上演。直到一次占卜，我們抽了一張牌，才真正談到核心。

「我前幾天做了一個夢，夢到小時候的自己，穿著最喜歡的紅鞋。我跳起來，跳得好高好高……」J 小姐想抽一張牌，解讀這個夢背後的意義。我們抽到了「帝王」。J 小姐看到牌的瞬間，便說「帝王」的顏色就像紅鞋一樣。

我想起了安徒生的童話故事《紅鞋》。一位小女孩獲得了一雙美麗的紅舞鞋。彷彿被魔力吸引似地，她太喜歡這雙鞋了，總是想驕傲地穿著它。女孩不聽告誡，屢次穿這雙不合規定的紅鞋上教堂；也因為想著紅鞋，不能專心禱告。當收養她的老太太病倒時，她也依然穿著紅鞋去參加舞會。怎料，女孩跳著跳著竟發現停不下來，她只好一路跳舞穿過街道，跳入森林，到了無人之地。儘管痛苦疲累，卻被紅鞋操縱著繼續跳下去。而後有天使告訴她，這是女孩應受的懲罰。無助的女孩跳到了劊子手家，請求他砍下自己的雙腳以結束這份痛苦。穿上義肢，經過漫長的懺悔後，女孩最終進入天國。

《紅鞋》是一個父權時代對女性進行規訓的故事。「紅鞋」原本就像女孩逐漸成熟，而自然發展出的慾望與行動力。女孩卻因不聽從教會、家庭的戒律，慘遭暴力對待。在他們眼裡，「紅鞋」是貪婪多慾、放蕩邪惡的象徵。而真正可怕的是，他們甚至沒有奪走「紅鞋」，而是把穿著紅鞋的女孩排擠到邊緣，孤立她、給她貼上罪惡的標籤。「紅鞋」本是父權觀念下的產物，他需要她扮演自己的敵人──罪惡感是具有毀滅性的武器，能扼殺靈魂卻不留痕跡。最後，女孩自願被砍下雙腿贖罪。因為她受盡折磨，終在威權前面跪下，深信自己是個罪人。這雙「紅鞋」，已經脫也脫不下來。

我沒有跟 J 小姐說安徒生的《紅鞋》，倒是講起了關於「帝王」的故事：「帝王」是每個人心中的父親形象，也是一名懷有野心的統治者。牡羊座積極熱情的本能，以及煉金術中陽剛的硫元素，使圖像浸染橙紅光彩。光中當然也有陰影，父系的愛是有條件的，必須達到父親的要求，才能被認可。同時這位父親，也是我們腦中督促、批判的聲音。我詢問 J 小姐對此議題的想法，她便開始分享自己與父親的關係。那是一位強勢，對孩子嚴格要求的父親。小時候的 J 小姐，期盼得到父親的支持，然而自己的主張卻常常受到打壓。她在後來的關係當中，也遇到類似的情況：她就算受到重視之人壓迫，仍然會想獲得對方認同，最後又如 J 小姐自述的「沒有做出最利於自己的選擇」，因為「總以為沒有選擇」。「帝王」的聲音像是一直對她低語：「妳不夠好，妳永遠都不夠好，妳哪裡也去不了。」

她也發現這樣的結構，是從雙親的兩個家族血脈遺傳而來。J 小姐的父親有很深的匱乏感，他在家族裡覺得自己是「不被愛的」。J 小姐的母親則習於扮演傳統女性的角色，在家族裡被男性欺負卻忍氣吞聲，她覺得自己是「不值得的」。「不被愛」，而且「不值得」，是一道深深撕裂 J 小姐、癒合後又多次破裂的傷痕。漸漸地，她抑制住自己豐沛的情感，長出堅硬的外殼。J 小姐進一步解釋：「就像他們（父母）遇到不被歡迎的局面時，都用強勢的態度應對，反而讓處境陷入更糟糕的局面。」儘管看似帶刺，本質上卻不是基於惡意，而是焦慮。「我

們都渴望自己的存在在他人眼裡是重要的。」

　　我們一起把目光拉回到「帝王」身上，我告訴 J 小姐，這張牌有一個寓意，那就是「每個人都是自己的權威。」我記得，J 小姐曾告訴過我，想成為一名領導者。而「帝王」在掌控外部之前，得先有能力統領自己的內心。「帝王」雖坐在王位上，卻凝視著一方，而與他對視的正是「女皇」。男與女心中都同時包含雙性，需要結合這兩股力量。自尊與自信，是由內而外建設的。若不是如此，即便「帝王」征服一切，也有可能無比失落。她回應道：「我就是自己的領導者，我就是自己的權威。相信自己的能力與意志，就不會施加權威在他人身上。」回溯整段對話，她給出清晰的結論：「我們不願意當聽話順從的那一方，因為會感覺不到自己，但也成為傷害自己的魔咒。獲得重視的方式其實不是叛逆，而是真正的獨立。」

　　父母與孩子的連結，形塑了我們與世界互動的雛形，但是我們也總是在接受新的刺激、調整自己。我感受到那個穿著紅鞋的女孩，正要成為一位更加成熟、堅強的女人。她是剛毅自主的，卻也不丟失寬容與愛。我相信，她可以跳到觸及雲端的高處，也隨時可以回來，以自己的步調踏實前進。

2. 靈魂的武裝

　　R 先生是一位語氣柔和友善的學者，言談之間總是有些許梳理思緒的留白。我們的對話始於一本學術作品的出版，當中處理了對大眾而言複雜艱澀的理論。當時，身為作者的他憂心地表示：「這是一本未完成的作品。」初次交流，我覺得 R 先生對於抽象的觀念有著敏銳的理解能力，但是當話鋒轉向他自身的經驗與感受，似乎會稍稍遲疑。現實基礎的需求，促使 R 先生決定提前發表書籍。後來，經過更多談話，我才漸漸開始暸解他所面臨的複雜困境。我們抽了一個牌

陣，一起討論事業發展的方向。

中間下方代表「過往狀態」的位置，是「聖杯王子」，乘坐在老鷹身上的王子，遙望著水霧繚繞的世界。即便眼前一切尚未成形，但他才華過人、心懷渴望。左上角的「目前狀態」抽到了「戰車」，車裡有一位呈現冥想姿態的戰士，他身穿堅固的鎧甲，抱著聖杯；一如巨蟹的硬殼，是為了保護柔軟的內在而生。右上角的「未來發展」則是「聖杯八：怠惰」，熱情已無法持續，水源枯竭、聖杯破損，海洋與天空一片陰沉。雙魚和土星的衝突，是夢想與現實之間的裂痕。

R 先生開始分享，自己出生於一個經濟不虞匱乏的家庭。儘管父親是一間公司的老闆，R 先生對公司的業務卻沒有太多熱情，反而潛心讀書，在升學途中一直有良好表現。因此，他對未來的打算，就是負責父親公司其中一個職務，維持基本的穩定收入，然後把心力投注在真正感興趣的領域。然而，前些日子父親的公司發生巨變，R 先生原本的規劃就這麼毀於一旦。這是他第一次面臨在外求職的關卡，龐大的焦慮已經影響了他的生活。甚至，他滿懷期望的學術研究，也在心神不寧的情況下，只能持續延宕。從過往到未來的時間軸線，都是水元素的牌組，可以看出 R 先生豐富深刻的心靈感悟，也恰巧呼應了他所研究的題材。然而，接下來的三張牌，卻都在談土元素。

中間上方代表「內在因素」的位置，是「圓盤公主」。這位公主是一位懷有

身孕的少婦，徜徉在自然中，靜靜地孕育、等待著一個新生命。右下角的「環境因素」是「圓盤五：憂慮」。五個圓盤連結成逆五芒星；水星和金牛的組合，顯示對物質壓力的憂慮。最後的「整體建議」則抽到「大祭司」，是此牌陣的第二張大牌，大祭司帶領下方的女神走向屬於她的新紀元，此牌亦有金牛座的象徵，帶有腳踏實地學習成長，保持堅毅與耐心之寓意。為了將夢想與現實接軌，把精神層次的知識孕生成具體的產物，需要大量時間慢慢調整自己的身心狀態。

在生命之樹上，「戰車」與「大祭司」都位於天界大三角往下延伸的路徑，前者源自 Binah 的海洋，後者源自 Chokmah 的聖火，二者皆離開了天堂，往塵世推進。在純粹精神與物質世界的一切現象之間，有一種不可挽回的斷裂。進入物質世界總是充滿磨難與危險，因此靈魂需要長出一副厚實的外殼，在經驗的積累中成熟。戰士的武裝一如女神的寶劍，都具有傷人的能力，也代表他們逐漸擁有自主性。長出齒爪的小動物，開始會在餵哺時傷到母親，就說明牠要去尋找別的食物求生了。

戰士乘載了 Binah 母親的陰性原則，而大祭司依循 Chokmah 父親的陽性原則。再加上 R 先生提及父親身為公司領導者的地位，不禁令我好奇父親在他生命中扮演的角色。R 先生說：「我跟父親一直都處不好，這是另一個問題，但也沒有什麼好講的。」他的語氣中盡是無奈，糾結片刻後如此回應。而下一回占卜裡，我們又重新談到了他與父親的關係上。

這次，R 先生提出了事業發展的另一種可能性，也就是親自接下父親經營失敗的公司，重新籌組人事結構。他希望暸解，這個方向是否更可能幫助他在未來保有穩定的生活，且能像過去一樣有餘裕探索知識。我們抽出以下牌陣：

左邊代表「現況」的位置是「寶劍十：毀滅」，十把寶劍刺向中央的心，造

成痛苦的折磨——這是長期承受批判攻擊的結果。右邊代表「未來發展」的牌是「圓盤四：權力」，當我們承認邊界的存在、認識自身的侷限，才能鞏固自己的力量，並在明確的地基上進行建設。那條被侷限在城堡當中的護城河，也令人聯想到在上一組牌陣裡貫穿過往與未來的水流，至此已經找到安定棲所，但同時卻也變得封閉。中間的建議牌是「寶劍八：干涉」，互相抵觸的思緒使人心思紛亂，把事情複雜化。優柔寡斷、被瑣碎細節干擾，將難以看見大局並解決問題。某些看似仁慈之舉，反而可能導致後續的紛爭。當我詢問這些牌帶給 R 先生的聯想，他開始娓娓道來。

「父親對待我的方式，就和他對待公司裡的人一樣，那也難怪公司會分崩離析。」R 先生的父親看重財富與權力，特別輕視與世隔絕的讀書人。所以，R 先生小時候從來沒有被家長要求過課業表現。但他卻隨著年紀增長，發現自己對知識有著濃厚興趣，也是從此開始，他不斷遭受父親強烈打壓，繼續升學的念頭，也自然不受支持。在父親公司任職的期間，R 先生看見父親與職員的互動衝突不斷。與同事們交流後，他突然意識到自己有一些能力，可以與他人建立良好的關

係。自己其實不像父親說得那麼差，而且同事的心情，他也都感同身受。

　　在最後一個牌陣裡，我們抽了一張牌作為未來發展的指引：「寶劍王后」。右手持劍，左手提著老人的頭，而在她背後的王座上方，有一個嬰兒的頭升起。清澈藍天，反映堅定不移的判斷力。這張牌形象強烈，切斷頭部的動作，指出應當清除舊有、老朽的觀念，才能給予新的思想發展空間。言談之間，我感受到一位強勢、憤怒且暗藏自卑的父親，一直存在於 R 先生的心中。這位父親否定 R 先生所做的一切，使 R 先生難以相信自己的心聲，只能倚靠著他，又怨恨著他。而如今，在重組公司的期望背後，可能更是渴望著重組被父親壓抑而崩塌的自我。當他信任屬於自己的力量，負擔起武裝的重量，決心披荊斬棘，彼方將有一處開闊的天空。而所有抽象的知識，也許會在實踐的磨練後，化為更加成熟精純的傑作。

3. 追逐尾巴的魚

　　P 小姐打開筆記本，用淺淺的、不確定的筆跡畫出了一個像是太極的圖形。「雙魚座的插畫，好像常常被畫成兩隻環繞在一起的魚⋯⋯。」她思索片刻，又說：「我就像這樣，總是追著另一隻魚的尾巴，又彷彿被另一隻魚追逐著。」

　　初次見到 P 小姐時，她情緒相當緊繃、語調顫抖。當談及自己的近況，便眼眶一紅，淚水彷彿隨時都要滴落下來。P 小姐從感情的問題開始談起，對她影響深遠的 C 小姐，性格獨立堅定，兩人原本是摯友的關係，近期卻失去聯繫。P 小姐想與 C 拉近距離，但是 C 認為 P 不切實

際、欠缺歷練，P 則對 C 的否定和不理解感到失望。當她試圖以長篇的話語向 C 解釋自己的想法時，又落入自說自話的境地，好像與 C 更加遠離。P 小姐自述：「我覺得這當中有我的困難，外面的世界不認同我的價值觀，我總是不符合他人的期待。例如，我一出生就不是父母希望的男孩，但我既做不成男孩，也不喜歡自己的特質。而 C 的環境使她主動去學習讓自己變強，她懂很多知識，而且勇敢做自己。」

　　P 小姐認為「表達不清」這件事情一直使她痛苦，並在關係中招致許多誤會。與 P 小姐對話時，我發現她的思緒是比較發散的，會在不同主題間跳躍，但這其實也是一種創造力的表現。我們決定先抽一個牌陣來討論她的狀況。

　　中間下方代表「過往狀態」的位置，是「聖杯九：快樂」，木星與雙魚座的組合使人想像力豐沛，滿溢著喜悅。而左上角代表「目前狀態」的位置，是「聖

杯三：豐盛」，這張牌的舒適底下藏著危險——波瑟芬妮的寓言。吃下了醉人的果實，同時也受到契約的束縛，永恆的春天不復存在，打開了四季的循環。到了右上角的「未來發展」出現了「戀人」，一場與自身對立面連結的神聖婚姻展開，意志下的愛將幫助我們認識某些陌生、可畏、卻又吸引人的事物。

P 小姐看到鮮活的水元素牌，立即聯想到自己的雙魚座特質：對她而言，「熱情」與「意義」是推動自己向前的力量。然而，縱使她逐漸意識到當前的壓力對自己帶來負擔，卻又因為其中的人際關係難以抽身。P 小姐有發展個人興趣的夢想，但她很在乎自己的上司、同事。他們有很多基於「為她著想」而設立的要求，P 小姐也希望符合他們的期許，寧願犧牲自己繼續為公司付出。

中間上方代表「內在因素」的位置，是「寶劍六：科學」。此牌呈現了邏輯思考的流暢運作，從多面向切入、釐清事件的全貌。右下角的「環境因素」，抽到「權杖八：迅捷」，彩虹就像轉瞬即逝的靈光，數字八與水星也強化了理性與溝通的重要性。最後的「整體建議」則是「新紀元」，陣中繼「戀人」後的第二張大牌，指出舊時代的律法在火中焚毀，迎來了嶄新的紀元，只有最珍貴的信念將持續保存。

在新的紀元，人們獲得追尋完整和自由的機會，向更加廣闊的宇宙前進。火的試煉必然伴隨著苦痛，苦痛亦催化了成長。P 小姐自幼不被家庭與社會接納、自我壓抑許久，如今她似乎要迎接重大的轉變。隨著時間推移，我們往後在同樣的議題上進行了多次面談占卜，也一起整理她在工作與感情中的共通模式。

P 小姐具備「內傾情感」（Introverted feeling）的特質，她在一般情境中是沉靜的，情緒深沉執著，需長時間累積才能慢慢對外表達。她富有想像力，敏於覺察色彩與美感。這種能力也有耽溺於個人感受、無法自拔且忽略現實的風險。對於「內傾情感」型的人而言，與之補償的心理功能是「外傾思考」（Extraverted thinking）。這種特徵同時可以在她對工作夥伴與愛慕對象的描述中發現，她欣賞他們果決、有想法、處事能力優秀，但是也感受到令她反感的功利、冷漠等特

質。與他們互動時，她都是扮演著「主動想要維繫關係的那一方」，懷著失去對方的恐懼。這個關係結構不停重複出現，使我暗自思索：是否唯有她自主地去發展思考的功能，才不會需要在外部世界的關係中，依賴著那既傷她，又某種意義上保護著她不必承擔相關責任的人呢？P小姐已展露獨立的渴望，也浮現於日後的牌中。

這次抽出的牌陣裡，「過往狀態」是「權杖四：完成」，牡羊和金星構成的圓，帶有努力尋求和諧的意味。「目前狀態」是「女皇」了金星再次出現，她柔和的姿態，能夠以中性的能量包容而滋養周圍的一切。「未來發展」是「調節」。在這裡，金星的意涵有所轉變，愛與美的另一個層面，透過守護風元素的天秤座，凸顯冷靜權衡輕重緩急、找到平衡的需求。「內在因素」是「權杖三：美德」，作為「權杖四」的前身，同樣包含對和諧的嚮往，卻是更純粹地展現熱情。「環境因素」是「圓盤王子」，土與風、連結物質現實與理性思考是P小姐的挑戰，也是當前面臨的考驗。縝密思慮、將想法付諸實踐，長期下來能收穫成果。整體建議是「塔」，衝突恐怕難以避免，崩潰的情緒襲來，而在既有的結構瓦解後，問題的根源才得以被清楚看見。

最近一次面談時，P小姐已跟公司達成部分妥協一段日子，她規劃了自己的生活，並梳理往日創傷。她說上司對此甚感不滿，認為已經給她許多時間，她卻「還沒有好起來、沒有進步」。然而，我發現她的表現比初次見面時平穩許多。在我指出這點時，P小姐才突然意識到自己像是有所恢復。而當我說出一些對P小姐「內傾情感」特質的觀察時，她只先同意了負面的部分，至於正面的部分，

第六章、占卜故事分享

她如此回應：「我在藝術方面有一些天賦，但也沒有特別厲害，甚至刻意荒廢了。因為我不想被別人認為做得好是天賦上的理所當然，也害怕自己太過驕傲。我原先做不好的事情，反而會盡力去做，但是也得不到鼓勵。」沿著這段話，P小姐表示自己長期以來都極度缺乏自信，但是擔心如果開始擁有自信了，她就會變得目中無人。由於P小姐提到自己對藝術治療感興趣，我便講述了藝術治療師 Barbara Parker-Bell 在講座上分享過的一個故事。

這位治療師曾請一位女孩畫出自我的形象，女孩畫了自己失去嘴巴、沒有言語能力、拘謹且不自在的模樣。她在團體中總是難以說出自己的想法，內心卻藏著各種聲音想要湧出。治療師又請她想像如果自己開始試著發言，會是什麼模樣。女孩畫了自己聒噪奔放、沒有節制地滔滔不絕。治療師說明，面對未嘗試過的事情，我們容易有認知上的偏誤，以為只有兩種極端，但其實在這兩個極端之間，還有許多更適切的版本。她請女孩繼續畫介於兩張圖之間的各種可能性，漸漸捕捉出一個敢於言說又掌握分寸的形象。

P小姐聽了故事後，明白自己在找尋自信心的課題上，可能先預設了極端的自我膨脹。但是她說：「如果要我畫出自己，我可能什麼也畫不出來。」沉默之中，我感受到「表達不清」一直是P小姐的傷痛，她無法將自己描繪出來，因為她嘗試下的每一筆，都受到外界的批判與自己的批判阻撓。內在有一股順著天賦發展的力量，卻被內疚與懷疑拉回原點。

然而，幾段對話之後，P小姐無意間向我展示筆記本，以微弱的線條勾勒出模糊的魚形。或許以前的她不願意讓自己立體，背負任何實際存在具有的光與影，但是此刻的P小姐，用象徵的方式，踏出了侷限。遠方迷濛水霧中的另一隻魚，正是尚未成形的她。正如P小姐的形容：「我在找曾經被我一片一片丟掉的自己。」

結語

　　我並不知道，那是來自母親子宮的記憶，還是宗教觀念裡的超然神性；但我們或多或少都曾被一種朦朧的感覺呼喚，彷彿自己源於比此生更加廣大的宇宙，在那裡我們舒適輕盈、完滿無缺。人降生之時，就像是無邊無際的靈魂，哭著被壓縮進骨骼與皮肉組織成的渺小軀殼，這是最初的創傷。此後，我們對於物質、精神、情愛等美好事物的追求，往往再現了與溫柔母體融合之渴望。然而，人類之內也有另外一種衝動，就是在他者之間推開距離、區別出自己。我們迫切地剪斷臍帶，盡力分辨自身特殊的屬性和所有物，解析事物的內部進而掌握它們。人類的歲月，在誕生與死亡、結合與分裂、無常與永恆之間，因為種種力量而彎曲扭轉、盤根錯節，最終長成一棵貫穿光明與黑暗的樹。

　　藉由托特塔羅裡的神祕學知識，我們能夠深入生命之樹的枝葉，飽覽象徵系統的複雜與美麗。但也請記得，不需要趕著一口氣看完，由於諸多象徵在與我們建立關係之前，尚未展露其意義；因此，需要經過一趟又一趟環繞的旅行，把象徵織入生活，有如年輪一圈圈積累。學習塔羅有一項重要的功課，是對每張牌進行冥想。冥想的時間長短或姿勢因人而異，只要能保持輕鬆而專注的狀態觀察圖像就會明白：牌確實是活的，它持續變化，總是以新的樣貌與占卜者相遇。若尚有不解之處，務必多給自己一些時間，充分地體驗過命運跌宕的每個階段，便能比從前更加理解——重點不是理解牌面的圖像，應是理解自己。

　　如同一棵樹具有茂盛與凋萎的節律，我們也有能力認識心靈的四季。與其對抗季節遞嬗，試圖打造不朽之物，不如攜帶充足的準備，順應內在世界的流

動。塔羅無法為人生提供絕對解答，也難以填滿人類不停增生的願望。不過我相信，當一個人帶著喜愛的塔羅牌繼續生活下去，他就有更多機會覺察生命廣闊的可能性，還有抉擇背後的意義。別急著尋找或信奉某些未知的事物，因為所有神祕都與你我共存於這個世界。每一次吸氣和吐氣之間，我們都在經歷神聖的死亡與重生。

祝福閱讀至此的朋友，在闔上本書之後，秉持意志走向屬於自己的故事。

第 7 章

參考書目

The Book of Thoth: A Short Essay on the Tarot of the Egyptians, Being the Equinox Volume III No. V, Aleister Crowley, 1974.

Little Essays Toward Truth, Aleister Crowley, 1996.

The Book of the Law (The New and Old Commentaries to Liber AL vel Legis) , Aleister Crowley, 2020.

Magick Without Tears, Aleister Crowley, New Falcon Pubns, 1991.

Duty, Aleister Crowley, 1921.

An Improvement on Psychoanalysis, Aleister Crowley, 1916.

The Kabbalah Unveiled, S.L. Macgregor Mathers, 1912.

The Black Sun: The Alchemy and Art of Darkness, Stanton Marlan, Texas A&M University Press, 2008

《托特塔羅入門》，張紹強、劉紀顯著，商周出版，2014。

《托特塔羅解密》，Lon Milo DuQuette 著，孫梅君譯，商周出版，2014。

《塔羅凝視：學習者的圖像對話之旅》，潘青林著，蔚藍文化出版，2022。

《小雞卡巴拉：從半吊子變成卡巴拉神祕家的需知及毋需知指南》，Lon Milo DuQuette 著，邱俊銘譯，楓樹林出版，2021。

《小雞卡巴拉之子：幾乎不費力氣的實修卡巴拉課程》，Lon Milo DuQuette 著，邱俊銘譯，楓樹林出版，2023。

《生命之樹卡巴拉：西方神祕學的魔法根本》，John Michael Greer 著，蕭漢婷譯，橡實文化出版

《祕法卡巴拉：西方的身心修煉之道》，Dion Fortune 著，邱俊銘譯，楓樹林出版，2021。

《中年之旅：自性的轉機》，Murray Stein 著，魏宏晉譯，心靈工坊出版，2013。

《大母神：原型分析》，Erich Neumann 著，李以洪譯，東方出版社，1998。

Symbols of Transformation（*Collected Works of C.G. Jung Vol.5*）, C.G.Jung, Princeton University Press, 1977

《榮格論心理學與宗教》，C.G. Jung 著，韓翔中譯，商周出版，2020。

The Equinox of the Gods, Aleister Crowley, 1991.

《人及其象徵：榮格思想精華》，C.G. Jung 編，龔卓軍譯，立緒出版，2013。

《榮格自傳：回憶‧夢‧省思》，C. G. Jung 著，劉國彬、楊德友譯，張老師文化出版，2014。

《替罪羊》，Rene Girard，馮壽農譯，臉譜出版，2004。

《夢與幽冥世界：神話、意象、靈魂》，James Hillman 著，王浩威等譯，心靈工坊出版，2019。

奧秘其中：托特塔羅學習筆記

《浮士德》，Johann Wolfgang Von Goethe 著，海明譯，桂冠出版，2000。

《伊雍：自性的現象學研究》，C.G. Jung 著，周俊豪譯，楓書坊出版，2022。

《靈性之旅：追尋失落的靈魂》，Murray Stein 著，吳菲菲譯，心靈工坊出版，2015。

《紅書》（讀者版），C. G. Jung，魯宓、劉宏信譯，心靈工坊出版，2016。

第七章、參考書目

奧祕其中

托 特 塔 羅 學 習 筆 記

出版◆楓樹林出版事業有限公司

地址◆新北市板橋區信義路163巷3號10樓

郵政劃撥◆19907596　楓書坊文化出版社

網址◆www.maplebook.com.tw

電話◆02-2957-6096　傳真◆02-2957-6435

作者◆玄享（楊善淳）

企劃編輯◆陳依萱

書封設計◆許晉維

校對◆周季瑩

港澳經銷◆泛華發行代理有限公司

定價◆520元

出版日期◆2024年3月

國家圖書館出版品預行編目資料

奧祕其中：托特塔羅學習筆記 / 玄享（楊善淳）
作. -- 初版. -- 新北市：楓樹林出版事業有限公司,
2024.03　面；　公分
ISBN 978-626-7394-37-3（平裝）

1. 占卜

292.96　　　　　　　　　　　113000856